KB113210

원시유교

동아시아 문명의 축

차례
Contents

제1장 동양사상의 여명

　사람은 본능적으로 자신의 육체적·정신적 근원을 찾아 과거로 거슬러 올라가려는 경향이 있다. 한 가족이나 종족, 심지어는 민족이나 국가도 예외가 아니다. 이런 행위는 '근원 찾기' 혹은 '뿌리 찾기'로 불린다. 이렇게 찾은 뿌리가 간혹 실제와 다르거나 과장 혹은 왜곡된 것일 수도 있다. 그러나 사실 여부를 떠나 그것이 현실의 자신에게 도움이 된다면 사람들은 기꺼이 자기정체성의 원천으로 삼는다. '나'는 뿌리도 없이 떠도는 존재가 아니라 문화적으로나 전통적으로 고귀한 혈통이며 역사를 이끌어온 비중 있는 존재라는 생각을 통해 자존감을 고양시키고 변화나 시련, 난관에 맞설 수 있는 힘을 얻게 되는 것이다.

근원 찾기와 뿌리 찾기는 족보나 혈통 등 외적인 것에 기대어 수행되기도 하지만 사상적 동질성을 탐구하는 과정을 통해서도 가능하다. 우리가 역사를 공부하고 고대 사상에 대해 관심을 갖는 이유는 지적 호기심을 충족시키기 위해서이기도 하지만 다른 한편으로는 자신의 생존 이유에 대해 확신을 얻기 위한 인정욕구認定欲求 때문이기도 하다. 동시대인들 가운데 나를 위치시킴으로써 세상과 사회에 대한 인식을 공유하고 시간적으로나 공간적으로 정체성을 획득하고자 하는 것이다. 이처럼 '나'라는 존재의 정체성을 성취하려면 물리적 제약을 뛰어넘어 모든 시공간을 아우르는 공통의 기초를 확보해야 하는데 그것은 대부분 사상이나 신화·종교의 형태를 띠고 과거로부터 전승된다.

우리는 유교 문화권에 살고 있다. "동양 사람은 출근하면 유가儒家가 되고, 퇴근하면 도가道家가 되며, 죽기 전에는 불가佛家가 된다"는 우스갯소리가 있듯이 우리의 문화적 정체성이 유교만으로 구성되어 있다고 말할 수는 없다. 그러나 유교가 우리 문화와 사상에 대단히 큰 영향을 미쳤다는 점은 의심의 여지가 없다. 조선왕조 500년은 성리학의 천하였다. 조선의 도읍 한양은 유학적 이상을 구체적으로 실현한 도시였으며 우리 선조들이 지향했던 인본주의와 도덕주의,

현세적 인생관은 유학적 가치관의 체화를 통해 형성된 것이다. 따라서 유교에 대한 탐색은 역사적·학술적 검토로서 의미가 있을 뿐만 아니라 우리의 '근원' 혹은 '뿌리'에 접근해 간다는 측면에서도 중요한 의미를 지닌다.

유교는 과거에 박제된 모습 그대로 우리에게 전해진 것이 아니다. 과거가 없으면 현재가 없듯이 과거와 현재는 자신 속에 오롯이 상대를 담고 있다. 현재와 미래 역시 마찬가지다. 따라서 과거와 현재가 융합된 유교 사상을 현재와 미래라는 거울에 비추어 바라볼 필요가 있다. 과거를 '동정적同情的' 시선으로 바라보고 시간적으로 절대적인 과거가 아닌 '지나간 것들의 현재'라는 상대적 차원에서 생각할 필요가 있다. 이것은 '미래를 통해 과거를 바꾸는' 새로운 해석과 인식, 전승의 작업이다.

유교의 현재와 미래를 알기 위해서 우선 유교가 발생하기 전의 사회적 상황에 대해 살펴볼 필요가 있다.

『황금가지*The Golden Bough*』를 쓴 유명한 인류학자 프레이저James George Frazer는 인류의 역사가 '주술-종교-과학'의 세 단계로 발전한 것으로 보았으며, 사회학의 창시자 콩트Auguste Comte도 인류가 '신학적 단계 – 형이상학적 단계 – 실증적(과학적) 단계'를 거쳐 발전해왔다고 주장했다. 이런 진화적 모델에 따른다면 유교가 생기기 이전의 중국 사회는 아마 프레이저의 주술이나 콩트의 신학적 단계에 해당할 것이다. 이 시기의 사람들은 만물의 기원과 존재 목적을 초월적·초자연적인 것으로 이해하였고, 이로 인해 무당[巫]이나 주술가 들이 지배자로 군림했다.

그러나 이런 발전 단계를 미개하거나 야만적이라고 생각하거나 문명 세계와 단절된 것으로 봐서는 안 된다. 원시유교라는 사상은 백지상태의 인간 세상에 신의 계시처럼 갑자기 등장한 것이 아니라 앞선 시대로부터 많은 자양분을 흡수하며 서서히 출현했다. 따라서 원시유교에 대해 이야기하려면 유교가 발생하기 이전의 시대에 대해 살펴봐야 한다. 문제는 그 시대에 관한 자료가 많지 않다는 것이다. 그러나 자료가 없다고 해서 사상이 없었던 것은 아니며 연구의 대상이 될 수 없는 것도 아니다. '그리지 않은 곳도 모두 그림'인 것처럼, 비어 있고 쓸모없는 듯이 보이는 곳의 쓰임과 의미를 고찰하는 것이 사상사의 임무이기 때문이다.

사상의 시작과 문화의 원류

동양에는 언제부터 사상이라는 것이 존재했을까?

유발 하라리Yuval Harari는 『사피엔스Sapiens』라는 책에서 인지혁명, 농업혁명, 과학혁명이라는 세 개의 혁명이 인류 역사의 진로를 형성하였고, 그중에서도 약 7만 년 전 일어난 인지혁명認知革命이 문화의 시작을 알렸다고 했다. 새로운 사고방식과 의사소통 방식의 출현으로 대표되는 인지혁명은 무엇보다 언어의 사용이 핵심이다. 인류는 정보 전달과 사회적 소통을 위한 언어의 기능에 존재하지 않는 것, 허구, 상상한 것을 말할 수 있는 능력을 부여함으로써 전설·신화·신·종교 등을 만들어내게 되었다는 것이다.

여기서 우리는 다음과 같은 사실을 알 수 있다. 첫째로 인류 사상의 기원이 우리가 알고 있는 것보다 훨씬 더 오래되었을 수 있다는 것, 둘째로 원시시대 사람들의 인지 수준도 현대의 우리와 큰 차이가 없었다는 것, 셋째로 지리와 문화·종족을 기준으로 동서양 사상을 가르고 특수성을 따지는 것은 큰 의미가 없다는 것 등이다.

상고시대上古時代로 올라갈수록 사상의 단일 기원을 찾는 것이 더욱 힘들다. 또한 특정 사상의 원조 지위를 강조하는 것은 그 이전에 존재했던 사유 역사의 어마어마한 무게를 경시하는 것이다.

시대를 한참 아래로 내려와 지금으로부터 2,500년 전에 형성된 유교에 대해 생각해보자. 춘추시대春秋時代에 성립된 유교는 공자孔子라는 인물이 무에서 유를 만들어내듯 독창적으로 '창시'한 것일까? 공자 스스로도 '술이부작述而不作' 즉 "(이전 시대의 것을) 기술하였을 뿐 새로 지어내지 않았다"고 말했다. 물론 이 말을 곧이곧대로 받아들일 수는 없지만 유교가 하나의 이념으로 정립되기 이전에도 '유儒'와 관련된 사상이 광범위하게 존재했을 것이라고 짐작해볼 수 있다. 기독교의 성립과 전파 과정이 솔 인빅투스Sol Invictus라는 태양신을 섬기던 로마의 토착 종교 미트라교와 밀접한 관련이 있는 것처럼, 유교 역시 기존의 다양한 문화와 사상으로부터 자양분을 흡수했다. 조금 과장해서 말하자면 유학의 역사 2,500년의 이면에는 수만 년 동안 축적되어 내려온 인지혁명의 성과들이 융화되어 있을지도 모른다.

선사시대나 원시시대라 해서 인간의 인식 능력과 지적 수준이 형편없이 낮았을 것이라 생각해서는 안 된다. 기원전 5000년경에 유프라테스강 유역에 살던 사람들은 별자리를 관찰한 후 그것을 설형문자楔形文字(쐐기문자)로 기록해두었으며, 기원전 3000년경에는 황도 12궁을 포함해 모두 20개의 별자리를 파악하고 있었다. 우리나라에서 발견된 고인돌에 새겨져 있는 별자리 또한 마찬가지다. 선사시대 사람들의 인식의 폭과 깊이가 이와 같다면 이전 시대로부터 전승된 지식 체계를 신뢰하고 기술에만 힘썼다는 공자의 말이 어느 정도 이해될 것이다.

인류 사상의 기원이 대단히 오래되었고 유교 또한 명확한 근원을 따질 수 없다면 사상의 원조를 묻고 그것을 어느 한 민족이나 국가, 하나의 문화권에 귀속시키는 것은 큰 의미가 없다. 특히 '유교가 중국에서 발원했다'고 할 때 여기서 말하는 '중국'은 현재의 중국과 큰 차이가 있다. 춘추시대의 '중국'은 황하 유역을 중심으로 한 광활한 평원 지대를 가리키는 말로 흔히 '중원中原'이라고도 불렸다. 중원 이외 지역에 살고 있던 사람들은 동이東夷·서융西戎·남만南蠻·북적北狄 등으로 불리며 오랑캐로 간주되었다. 그러나 시간이 지나면서 이들 오랑캐 역시 '한漢'이라는 범위 속으로 들어오게 되었고 점차 중국의 정체성을 구성하게 되었다.

그렇다면 '중원'의 한족(사실 한족이란 말도 혈통의 개념이라기보다는 문화적 개념에 가깝다)과 변방의 '오랑캐'의 관계는 어땠을까? 과거에는 문명과 야만이라는 틀로 둘의 관계를 설명했다. 그러나 중국 고대 문명의 흔적들이 황하 유역 이외에도 창장長江(양쯔강)이나 양사오仰韶·룽산龍山 등 중국 각지에서 발견됨으로써 중국 문명이 한족만의 독자 문명이 아니라 주변 민족과의 지속적인 교류와 상호작용을 통해 형성된 것이라는 주장이 힘을 얻게 되었다. 오랑캐 문화라 해서 중원의 문화에 비해 열등하거나 중원 문화로부터 일방적으로

혜택을 받았다기보다, 오랑캐 문화 역시 중원 문화를 풍부하게 만들어주고 중원 문화의 구성 요소가 되기도 하였다는 것이다. 따라서 진秦나라와 한漢나라라는 통일 제국이 세워지기 전의 중국 문화는 결속력이 상당히 느슨한 형태의 것이었고, 한족 문화도 그들만의 독자적인 창조물이라기보다는 주변의 여러 소수민족들과 나누는 상호작용 가운데 형성된 융합적 성격을 띠고 있었다고 할 수 있다.

현재 중국은 '과거에 현재 중화인민공화국 영토 내에서 벌어진 일은 모두 중국의 역사'라는 입장에 기반을 둔 '동북공정東北工程'을 통해 과거 소수민족들의 문화와 역사·영토를 모두 중국사의 범위 내로 포함시키려 하고 있다. 그러나 왕조사나 영토사를 기준으로 문화적 원류를 따지는 것은 역사를 지나치게 정치화하고 이념화하는 것이다. 최근의 역사 연구가 국가 혹은 왕조 중심에서 벗어나 지역이나 문명 중심으로 바뀌는 것도 이에 대한 반발에서 나온 것이다.

상고시대의 문화는 어느 한 국가나 민족의 창조물이 아니다. 그것은 대단히 넓은 권역을 포괄하는 문화 상호작용권 Sphere of interaction에 속해 있던 여러 민족의 문화가 융합되어 형성된 것이다. 이에 대해 중국 근대의 역사학자 구제강顧頡剛은 상고사를 연구할 때 타파해야 할 네 가지 관념을 다음과 같이 제시하였다.

첫째, 모든 민족은 하나의 조상에서 비롯되었다.

둘째, 모든 지역은 원래부터 통일되어 있었다.

셋째, 신화 속 인물은 역사적으로 실재했다.

넷째, 고대는 태평성세였다.

그렇다면 그가 주장한 다원적多源的·다원적多元的 문명론을 원시유교에도 적용해볼 수 있지 않을까? 한자漢字가 특정 인물에 의해 창제된 것이 아니라 상고시대의 다양한 민족들이 사용하던 문자가 오랜 시간에 걸쳐 상호작용 및 취사선택의 과정을 거치며 형성된 것이라는 주장도 제기되는 마당에 유교의 기본 내용들도 한족과 소수민족 문화의 결합물일 것이라고 생각해볼 수도 있다. 물론 이것은 특정 문화나 사상의 원조를 부정하거나 확정하기 위한 것이 아니다. 이는 중국 문명의 근원에 다양한 문화가 혼재했다는 것을 이해하고 문명사적인 관점에서 원시유교를 바라보고자 함이다.

이런 관점은 인류 보편의 가치를 담고 있는 유교 사상이 중국뿐만 아니라 우리 사상과 정체성의 근원이 될 수도 있음을 암시해준다. 이런 관점에서 보자면 "유교는 중국의 사상인데 우리가 왜 알아야 하는가?" "유교는 현대화와 거리가 먼 봉건 사상의 대표로 마땅히 폐기되어야 한다"는 등의 주장은 지나치게 감정에 치우친 견해라 할 수 있다.

신화시대

전국시대戰國時代 초楚나라 시인 굴원屈原은 「천문天問」이라는 시에서 하늘을 향해 172가지의 질문을 던지고 있다. 세상의 시작은 언제인지, 천지는 어떻게 창조되었는지, 천지와 일월의 이치는 무엇인지, 빛과 어둠은 어떻게 나왔는지, 최초의 창조자는 누구인지, 천명天命이란 무엇인지 등등……. 하늘을 올려다보며 태고의 세계를 상상하고 우주의 운행에 경탄하는 시인의 모습은 2,300여 년이 지난 오늘날 우리의 모습과 별반 다르지 않다.

오랜 시간에 걸쳐 끊임없이 던져졌을 이런 보편적 질문에 대해 은유적으로 대답을 해주고 있는 것이 바로 '신화'다. 어느 나라, 어느 민족이나 신화가 없는 경우는 드물다. 그러나 신화의 형태나 성격, 내용과 의미는 문화에 따라 다르다. 중국 신화는 우주의 시작이나 천지창조에 대한 내용이 다른 나라의 신화에 비해 체계적이지 못하다. 대신 신화 속 인물을 실존 인물로 간주해 정사正史에 기록하고 성인聖人으로 추앙하고 있다는 점은 중국 신화만의 특징이라고 할 수 있다.

신화는 구전되어 내려오던 것이 후세 사람들에 의해 선별되고 정리되었다는 점에서 '전통 만들기'의 일환으로 볼 수 있다. 에릭 홉스봄Eric Hobsbawm은 우리가 유구한 전통으로 알고 있는 많은 것들이 근대에 조작된 '만들어진 전통the invention of tradition'이라며 수많은 예를 들어 이를 논증하고 있다. 그럼에도 불구하고, 역사 기록이 존재하지 않는 상고 시대의 사상과 가치관을 엿볼 수 있는 거의 유일한 자료라는 점에서 신화의 가치는 '만들어진 전통' 그 이상이라 할 수 있다.

『산해경山海經』이나 『장자莊子』 등의 문헌에 산재되어 전하는 중국의 창세 신화를 보면 태초에 혼돈의 신인 제강帝江이 있었고, 혼돈 속에서 나온 반고盤古가 만물을 창조했다. 이어서 여와女媧라는 여신이 인류를 창조한 후 남매 관계였던 복희伏羲와 결혼하여 인류를 번성시켰다.

중국 신화의 주인공은 뭐니 뭐니 해도 삼황오제三皇五帝다. 일반적으로 삼황은 여와·복희·신농神農을, 오제는 황제黃帝·전욱顓頊·제곡帝嚳·요堯·순舜을 가리킨다. 중국 최초의 역사서인 사마천司馬遷 『사기史記』의 몸통에 해당하는 '본기本紀'가 오제의 이야기를 다루는 「오제본기五帝本紀」로 시작되는 것만 봐도 중국 문화에서 삼황오제가 얼마나 중요한지 잘 알 수 있다. 삼황오제의 학설은 전국시대에 와서야 유행하기 시작했고 후대에 재창조된 신화이기 때문에 학자와 문헌에 따라 서술에 차이가 있다.

그렇다면 이처럼 실존 여부가 의심되는 전설적인 인물을

역사의 첫머리에 등장시킨 이유는 무엇일까?

첫째, 삼황오제는 문화를 창조한 영웅이자 덕과 지혜가 뛰어난 성인으로 문명에 대한 중국인들의 생각을 그대로 반영하고 있기 때문이다. 이들은 불을 사용하는 법을 알려주고(복희), 농경을 가르쳤으며(신농), 문자를 발명하고(황제), 악기와 음악을 만들었다(제곡)고 전해진다. 특히 상고시대의 태평성대를 이끈 요·순의 경우 개인적으로나 사회적으로 높은 도덕적 품성을 소유하고 있는 인물로 묘사되고 있다. 이는 통치자는 백성을 다스리기에 앞서 자신의 덕성을 잘 수양해야 한다는 후대의 사상과 직접적으로 연결된다.

둘째, 사마천은 삼황오제가 전설 속 인물임에도 신이 아닌 '신격화된 시조'이자 도덕적 성인으로 규정함으로써 중국 문화와 역사의 시원始元을 오제 시기까지 끌어올렸다. 『사기』는 오제가 모두 나이 들어 죽었다고 서술하고 있으며 장사 지낸 곳까지 분명히 밝힘으로써 후대 사람들로 하여금 그들을 실재했던 인물로 받아들이도록 만들었다. 이것은 중국이 시간적 영토를 확장하기 위해 추진한 역사 프로젝트인 '하·상·주 단대공정夏商周斷代工程'과 '중국 고대문명 탐원공정中國古代文明探源工程'의 취지와 맥을 같이하는 것으로, 중국 역사의 시원을 끌어올려 세계 문명의 발원지가 되고 전근대적인 중화주의를 중화민족주의로 탈바꿈시키려는 의도가

깔려 있는 것이다.

다른 각도에서 생각해보면 삼황오제의 신화는 중국이 신석기시대 말기에서 청동기시대로 이행하는 시기의 역사 발전 과정을 반영하고 있다. 또한 황제나 염제炎帝(신농)는 중국 문명 발생 초기의 부족이나 부족집단·부족연맹의 시조일 가능성이 크다. 황제는 염제의 도움을 받아 치우蚩尤와 싸워 이긴 후에 제후들로부터 천자天子로 추대되었으며 이후 모든 부족의 공통 시조로 인정되었다고 한다. 이를 통해 볼 때, 상고시대에 황제와 염제 외에도 치우나 묘만苗蠻 등 또 다른 부족집단이나 부족연맹이 존재했음을 알 수 있다. 즉, 삼황오제도 종적인 계승 관계가 아닌 병렬 관계에 놓여 있던 부족의 수령들이었으며 이들 외에도 여러 부족이 함께 존재했을 가능성이 크다.

그러나 사마천이 주도한 '신화의 역사화'와 '역사의 정치화'는 상고시대의 문화적 다양성을 한족 중심의 단일한 체계로 만들어버렸다. 이는 '한漢 문화'라는 명목으로 중국 문화의 정통성을 확고히 세웠다는 점에서 획기적인 사건이라 할 수 있다. 그러나 다른 한편으로는 독창적이고 개별적이며 특수한 다양한 민족들의 문화를 단일하고 통일적이고 획일적인 문화로 재단해버렸다는 점에서 문화에 대한 패권霸權적 시각을 보여주는 것이라 할 수 있다.

신정국가

중국 문명의 기원에 대해서는 '서방 유래설'과 '한족 중심설' '다원 기원설' 등 대략 세 가지 학설이 존재한다. 기존에는 일원론적 기원설인 한족 중심설이 중국 문명의 시작을 설명하는 일반적인 이론이었지만 점차 다원론적 입장에서 중국 문명의 성립을 바라보려는 학자들이 늘어나고 있는 추세다. 다원론적 관점은 한 국가나 민족·왕조를 중심으로 문명을 바라보는 것이 아니라 당시 존재했던 여러 민족들의 상호 영향 관계를 통해 문명의 발생과 형성 과정을 설명하는 것이다.

일반적으로 중국 역사는 하夏·상商·주周 삼대三代로부터 시작되었다고 한다. 무왕武王이 상나라 주왕紂王을 치고 주나라를 세운 것이 기원전 1046년이며 이를 기준으로 상나라는 기원전 1600년, 하나라는 기원전 2070년에 건국되었다고 본다. 그러나 이는 후대의 문헌 자료나 위서僞書를 근거로 연대를 추정한 것일 뿐, 과학적인 것이라고 할 수 없다.

따라서 공식적인 중국 역사의 시작은 은殷나라(상나라)부터로 본다. 은나라도 원래는 문헌 기록으로만 존재하던 전설 속의 왕조였지만 1928년 허난河南성 안양安陽시에서 은나라 유적지 '은허殷墟'가 발굴됨으로써 공식적인 역사의 범위 안으로 들어오게 되었다.

은나라는 상나라라고도 한다. '상'은 스스로를 칭할 때 쓰던 이름이고 '은'은 다른 나라에서 상나라를 부를 때 쓰던 이름이다. 주나라 이후에는 보편적으로 '은'이라고 불렸는데, 나라가 망한 후 유민들 대부분이 여러 지역을 떠돌며 장사로 생계를 이었기 때문에 상나라 사람[商人]이라는 말에 장사꾼이라는 의미가 덧붙여졌다고 한다. 또한 갑골문甲骨文 연구에 따르면 '殷(은)'이라는 글자는 큰[大] 활[弓]을 잘 다루는 오랑캐를 뜻하는 '夷(이)'의 번체자繁體字였다고 하는데, 이로부터 원래 상나라 사람은 중원이 아닌 변방에 거주하던 오랑캐 민족이었다는 것을 알 수 있다.

은나라는 전형적인 신정神政국가였다. 신정국가란 종교 우두머리가 국가권력을 장악하고 정치를 행하는 정교일치의 국가 체제를 말한다. 종교 우두머리는 신의 대리자로 절대자와의 교통을 통해 정치·사회 상의 대소사에 대한 결정을 내린다. 은나라에서는 만물 숭배와 애니미즘이 성행했으며 자연의 변화와 길흉화복·전쟁의 승패·왕조의 성쇠를 관장하는 신인 '제帝'를 섬겼다. 은허에서 출토된 갑골문만 보더라도 은나라가 제사와 점복占卜을 중시하는 신권神權 국가였음을 알 수 있다.

갑골문이란 거북의 등껍질[甲]이나 짐승의 뼈[骨]에 새겨진 문자로 한자의 가장 오래된 형태로 알려져 있다. '갑골복사甲骨卜辭' '귀갑수골문龜甲獸骨文'이라고도 하는데, 갑골에 칼로 흠을 낸 후 불에 태워 균열이 생긴 모양을 보고 신의 뜻을 유추한 후 그것을 기록할 때 사용한 문자다. 갑골문은 청淸대 말기 금석학자인 왕의영王懿榮이 감기 치료를 목적으로 지어온 한약재의 용골龍骨(한약재로 쓰던 짐승의 뼈)에서 우연히 발견한 이래 은허에서 15만 점 이상이 발굴되어 베일에 가려져 있던 제작 시기와 용도·내용 등이 비로소 밝혀지게 되었다.

갑골문은 날씨와 농사·질병·출산·사냥·전쟁 등에 관한 것을 묻는 내용이 대부분이며, 가장 많은 것은 제사에 관한 것이다.

제사란 기본적으로 인간이 신(혹은 조상신)에게 감사함을 드러내 보여주는 행위다. '보이다'라는 뜻의 한자 '示(시)'의 형태가 제단과 유사하며 제사 또는 조상신과 관련된 대부분의 글자에 '示'가 포함되어 있는 것을 통해 볼 때(제사 제祭·제사 사祀·조상 조祖·사직 사社·복 복福·예도 례禮……), 상고시대에 사회적으로 중요한 일들은 모두 신 혹은 제사와 밀접한 관련 있었으며 천하대사天下大事는 신의 뜻을 묻는 복서卜筮 행위를 통해 결정되었다는 것을 알 수 있다.

프랑스의 인류학자 레비-스트로스Claude Lévi-Strauss는 원래 유사성이나 아무런 관계도 없던 두 실체(인간과 신) 사이에 관계를 수립하는 것이 종교라고 했다. 이에 따르면 점을 치는 행위는 자연 세계에 대한 사람들의 무지나 신에 대한 맹신을 보여주는 것이 아니라, 예측 불가능한 상황 앞에서 절대자와 관계 맺기를 통해 신성하고 규범적이며 합리적인 방식으로 대응하려고 했던 사람들의 의도를 드러내주는 것이다.

오늘날의 입장에서는 그것이 비과학적이고 미개한 것처럼 보일지도 모른다. 그러나 천동설이 근대 이전의 사회 환경(패러다임) 속에서는 합리적인 것으로 받아들여졌듯이 점복의 행위도 그 시대 안에서는 나름대로의 정합성을 갖추고 있었다고 할 수 있다.

비과학적이라 해서 틀린 것은 아니며 틀렸다고 해서 반드시 비합리적이라 할 수도 없다. 문명이란 직선적이고 단계적으로 발전해 나온 것이 아니며 오늘날 우리가 기대고 있는 과학Science도 근대 서구의 가치 체계일 뿐이라는 데 공감한다면 은나라의 점복과 제사 행위도 길흉의 예측을 통해 사회를 통합시키고 문제를 해결하는 데 유용하고 합리적인 방식이었다고 할 수 있다. 이를 통해 사람들은 일상의 무질서와 혼란을 극복하고 미지의 자연 세계를 이해할 수 있었으며, 인간의 유한성을 초월할 수 있는 신성성神聖性을 획득하였던 것이다.

유비적 사유와 감응 이론

　은나라 혹은 그보다 더 이른 시기에 중국의 사상과 문화
는 대부분 종교적 영향력 아래 놓여 있었다. 통치자들은 통
치 지위의 합법성을 인정받기 위해 절대적 권위를 가진 신
과 소통할 수 있는 방법을 찾으려 했다. 이런 상황 아래서 제
사를 중심으로 하는 종교 의식은 국가의 가장 중요한 행사
가 되었다. 사람들은 제의적祭儀的 행위를 통해 파괴적이며
예측 불가능한 자연의 역량에 대처했으며 따라서 초자연적
인 주술의 제전은 사회생활의 중요한 일부가 되었다.

　이 시기에 행해진 제사 의식의 특징은 모두 자연 및 우주
와 관계가 있는 어떤 운용 원리에 기초를 두고 있다. 그것은
음양陰陽 이론과 밀접한 관련이 있는 것으로 '물류상감物類相
感' 혹은 '감류感類'라고도 불리는 '동류상동同類相動'의 원리
다. '동류상동'이란 같은 종류의 사물들끼리 서로 더 잘 감응
한다는 뜻이다. 하늘과 인간이 감응[天人相應]하고 신과 인간
이 호응[神人相應]한다는 유비적類比的 인식은 대상 간의 상징
성을 매개로 형성된 것으로 이는 인과법칙과는 다른 상호감

응相互感應의 원리에 기초하고 있다.

동한東漢(후한) 때 유안劉安이 쓴 『회남자淮南子』「천문훈天文訓」에 다음과 같은 구절이 나온다.

같은 송류의 사물끼리는 서로 잘 움직이며 근본과 말단은 서로 호응한다. 그러므로 양수陽燧(햇볕을 모아 불을 일으키는 동판)가 햇볕을 쪼이면 불이 생겨나고 방제方諸(달빛으로 물을 모으는 동판)가 달빛을 받으면 물이 생겨난다. 호랑이가 울부짖으면 계곡에서 바람이 일어나고 용이 날아오르면 구름이 생긴다.[1]

음양론에서 양수와 해, 호랑이와 바람은 양에 속하고, 방제와 달, 용과 구름은 음에 속한다. 음양론은 음과 양이라는 상호 대립적이면서 보완적인 힘이 서로 작용하여 우주의 삼라만상을 발생시키고 변화, 소멸시킨다고 보는 동양 전통 이론이다. 어원상으로 '陰'이라는 글자는 언덕[阝]과 구름[雲]이 결합된 것이며, '陽'은 모든 빛의 원천인 해[日]가 언덕 위에서 빛나고[勿] 있는 것을 형상화한 것이다. 음은 여성적인 것으로 차가움·수축·하강·어둠·부드러움의 특징을 갖고 있고, 양은 남성적인 것으로 따뜻함·팽창·상승·밝음·굳음의 특징을 갖고 있다. 음양에 관한 최초의 기록은 기원전 4세기경의 문헌에 등장하지만 그보다 훨씬 이전부터 음양

관념은 존재했을 것이라 본다. 음양에 관한 가장 유명한 문구는 『주역周易』 「계사繫辭」에 나오는 "한 번 음하고 한 번 양하는 것, 그것이 도이다—陰—陽之謂道"라는 말일 것이다.

음양 이론에 기초한 동류상동의 원리로 자연 현상을 해석하는 경향은 상고시대 종교 의식을 이해하는 데 큰 도움을 준다. 은나라는 농경사회였기 때문에 날씨를 예측하여 파종과 수확의 적절한 시기를 아는 것이 매우 중요했다. 특히 메마른 기후의 중원 지역에서는 비를 부르기 위해 지내던 기우제가 중요한 제례 의식 중 하나였을 것이다. 비는 음의 성질을 갖고 있기 때문에 기우제에 쓰이는 도구들 대부분은 반드시 음의 속성을 지니고 있어야 했다. 같은 종류의 사물이어야 서로 더 잘 감응하여 비를 부를 수 있기 때문이다. 마찬가지 원리로 기우제는 음의 속성을 지닌 여자 무당이 담당해야 했다. 은허에서 발굴된 청동기의 문양을 살펴보면 벽사辟邪의 의미를 갖고 있는 신화 속 괴수 도철饕餮 외에 비와 밀접한 관련이 있는 구름과 번개[雲雷紋]·용이 절대다수라는 것을 알 수 있다. 이런 문양들은 장식 기능 외에도 제사와 관련된 신비한 상징성을 담고 있다.

따라서 사람과 하늘, 혹은 조상과 후손을 매개시켜주는 기능의 청동기는 같은 종류의 사물들이 서로 잘 감응한다는 동류상동의 원칙에 따라 제작된 것이라고 할 수 있다.

인간과 자연이 상호 유기적인 통일성과 유비적 상관성을 갖고 있다는 감응론感應論은 신과 인간, 하늘과 사람이 서로 직접 영향을 주고받을 수 있다는 생각으로 이어진다. 이런 관념은 하늘을 대우주, 인간을 소우주라고 여기는 '인부천수人副天數'나 하늘과 인간이 동일한 원리에 의해 통일되어 있다는 '천인합일天人合一', 심지어 왕의 정치행위가 하늘의 움직임에 직접적인 영향을 미쳐 천재지변을 일으키게 된다는 재이災異나 견고譴告의 주장으로 이어져 동양의 독특한 우주관을 형성하게 되었다.

문화란 각종 상징 체계로 점철된 인간 사유와 행위의 통합체다. 어느 시대 어느 문화권이든 상징이 없을 수 없다. 자연계에 대한 인간의 지식이 부족할수록 초월적 존재에 의지하려는 마음은 커지게 되는데 이런 의지는 대부분 상징을 통해 이루어진다. 서로 관련 없는 것을 관련지어주는 것이 상징이라는 매개체다. 상징은 부호·기호·암호·숫자 등으로 표현되며 무엇인가 그 배후에 실재하는 존재를 암시하거나 계시한다. 즉, 감각으로 직접 지각할 수 없는 의미나 가치 등을 어떤 유사성을 매개로 사물이나 부호·숫자 등으로 구상화하는 것이다. 상징은 아직 어둠 속에서 완전하게 드러나지 않은 세계를 이해할 때 사용하는 중의적重義的 분류 기준이며 객관 세계로부터 의미의 세계[意義世界]로 들어갈 때 필요한 수단이다. 중국 상고시대에 형성된 유비적 사유방식과 감응론은 사람들이 상징이라는 의미 체계를 공유함으로써 동일한 공동체의 구성원이라는 생각을 갖도록 만들었고 자연과 인간, 신과 인간의 관계를 동류 관념 속에서 이해하게 함으로써 유한한 인간의 지위를 격상시키는 역할을 수행하였던 것이다.

야스퍼스와 문명의 축

은나라와 그 이전의 세계는 현재와는 판이하게 다른 신정국가 체제였다. 역사의 연속성에 주목해 살펴본다면 은나라는 신석기에서 청동기 문화로 전환되어 생산력이 비약적으로 발전하고 족장의 권력이 커지면서 계급상의 분화가 일어나던 시기였다. 그러나 단절의 측면에서 보자면 은나라는 종교성이 중심이 되고 신기神氣를 중시하던 신화시대의 마지막 시기라 할 수 있다.

중국은 은·주 교체기를 거치면서 문명사적으로 중대한 전환을 맞게 된다. 오랜 세월 동안 사회를 지탱하고 인간 사유를 지배하던 '절대적인 가설'이 와해되면서 사회 전체의 시스템이 바뀌게 된 것이다.

독일 철학자 카를 야스퍼스Karl Jaspers는 1949년에 출간된 『역사의 기원과 목표*Vom Ursprung und Ziel der Geschichte*』라는 책에서 '축심시대軸心時代, Axial Age'('축의 시대' '기축시대'라고도 한다)라는 개념을 제시했다. 인류 문명은 기원전 8세기부터 기원전 2세기까지를 전후하여 거의 동시대적으로 신화와 종교의 시대에서 철학과 지식의 시대로 '역사적 돌파historical breakthrough'를 이룩했다는 것이다. 그리스의 소크라테스·플라톤·아리스토텔레스, 이스라엘의 유대교 선지자들, 인도의 석가모니, 중국의 공자와 노자 등 오늘날까지도 스승으로 추앙받는 인물들이 모두 이 시기에 등장해 기존 문명과는 다른 전통을 형성하며 새로운 시대를 열었다. 야스퍼스는 그 시대를 축심시대라고 불렀다.

만약 은나라 말기에서 춘추전국 시기까지가 중국의 축심시대에 해당한다면, 역사적 돌파는 어떤 측면에서 설명할 수 있을까? 그것은 '인문의 발흥'이라는 말로 요약될 수 있다.

'인문人文'은 수많은 사람들의 사유와 행위가 만들어낸 '인간의 무늬[人紋]'로, 인간이 살아온 생활의 흔적을 말한다. 인문이라는 말은 "천문을 살펴서 시간의 변화를 관찰하고, 인문을 살펴서 천하의 교화를 이룬다觀乎天文, 以察時變. 觀乎人文, 以化成天下"라는 『주역』의 구절에서 처음 등장하는데, 축심시대 인문의 발흥은 두 가지 측면에서 설명할 수 있다.

첫째, 우주와 세계, 사회의 근거 및 주체가 신神에서 인人으로 전환되었다.

앞서 설명했던 것처럼 은나라는 신정국가였다. 제사나 점복을 통한 주술 행위가 일상적으로 행해졌고 국가 대소사는 모두 신의 뜻을 물어 결정하였다. 왕은 곧 무당이었으며 하늘[天]은 삼라만상을 주재하는 인격적 신이었다. 그러나 은·주 교체기에 들어서면 종교개혁적인 변화가 발생한다. 자연계와 사회에서 일어나는 여러 사태에 대한 인간의 지식과 경험이 축적되면서 절대자에 의지하기보다 인간의 능력으로 문제를 해결하려는 풍조가 생기기 시작한 것이다.

하나라에서 은나라, 은나라에서 주나라로 바뀐 과정을 고찰해보면 '천명은 어긋나지 않는다天命弗僭'는 입장에서 '천명은 일정하지 않다天命靡常'는 생각으로 인식의 전환이 일어났음을 알 수 있다. 이런 변화의 바탕에는 하나라와 은나라가 "덕을 공경하지 아니하여 천명을 잃었다惟不敬厥德, 乃早墮厥命"는 인식이 자리 잡고 있었다. 즉, 왕조 흥망의 근거로 신비하고 초월적인 천명을 내세우는 대신 인간의 덕행德行을 우선순위에 놓은 것이다. 천명의 영향력을 축소시키고 인간의 주체적 능력을 중시하는 것은 종교적 가치관과 생활 방식에 대한 반성이며 인문적 세계관을 표방하는 것이다.

그렇다고 해서 이것이 종교성을 완전히 배척한다는 의미

는 아니다. 사람이 덕행을 행할 수 있는 까닭은 덕성을 갖고 있기 때문이지만, 덕성은 하늘이 부여한 것이다. 이는 종교와 인문의 결합이라고 할 수 있다. '덕으로 하늘의 뜻을 따른다'는 이덕배천以德配天의 사상으로 종교에 인문적 성격을 불어넣었을 뿐, 기존에 종교가 가지고 있던 도덕적 교화 기능은 그대로 유지시키고 있는 것이다.

둘째, 국가 운영 방법이 무武에서 문文으로 전환되었다.

은나라는 잔혹한 왕조였다. 신정국가의 특성상 빈번한 제사에 쓰일 희생물을 얻기 위해 자주 이웃 나라와 전쟁을 벌였다. 이를 위해 은나라 통치자들은 대규모의 군대를 소유하고 있었는데, 갑골문을 보면 한 번 출병할 때 병사의 수가 3,000명에서 5,000명, 많을 때는 1만 3,000명에 달했음을 알 수 있다. 또한 전쟁에서 포로가 된 적병들은 노예가 되거나 순장殉葬되었는데, 한 번에 2,600여 명이나 죽임을 당했다는 기록도 보인다. 이는 당시 전쟁이 얼마나 잔혹했는지를 보여주는 것이다. 특히 은나라 23번째 왕인 무정武丁 때에는 잔혹성이 극에 달해 9,000여 명이 제물로 바쳐져 희생되었다고 한다.

그러나 주나라에 들어와 합리적이고 이성적인 방식이 중시되고 의례와 절차가 강조되면서 강압적이거나 폭력적이지 않은 방식으로 상대방과 소통하는 것이 보편화되기 시작했다.

'문화文化'라는 용어는 근대 시기 서양에서 들어온 'Culture'의 번역어다. 번역 과정에서 '문치교화文治敎化'라는 전통 개념을 참고해 '문화'라는 말을 만들어낸 것이다. 문치교화란 '인문적 수단으로 다스리고 가르쳐 변화시킨다'는 의미다. '文'은 '꾸미다' '장식하다'라는 뜻으로, 외형적 무늬[紋]나 태도를 중시하는 '예禮'라는 글자와 통한다. "문명은 화가 난 사람이 돌을 던지는 대신 최초로 한마디 말을 내뱉은 순간에 시작되었다"는 프로이트Sigmund Freud의 말처럼 '문'과 '예'를 갖추고 있는 사람은 은유나 암시, 장식과 꾸미기 등을 통해 문명적 방식으로 타인과 소통하려 한다. '문질빈빈文質彬彬', 즉 외관과 본바탕이 잘 조화된 상태에 도달한 후에야 군자가 될 수 있다는 공자의 말2)에서도 알 수 있듯이, 내면적 덕행과 외형적 수단을 모두 포함하는 인문적 행동 양식은 인류 문명을 새로운 차원으로 끌어올리는 데 결정적 공헌을 했다.

제2장 유교의 탄생

중국은 주나라에 들어오면서 은나라 때까지 이어오던 제 정일치 체제에서 벗어나 인문의 시대로 진입한다.

주나라 초기에 국가의 기틀을 잡은 주공周公은 신탁神託과 무속에 의존하던 사회 풍조를 정리하고 인문적인 사회규범 인 '예'에 의해 나라가 운영되는 새로운 시스템을 구축하였 다. 그렇다고 해서 주나라가 은나라의 모든 것을 폐지한 것 은 아니다. 여전히 하늘을 섬겼고, 하늘이 부여한 운명을 중 요하게 생각했다.

여기서 주나라 건국자들은 하나의 문제에 부딪히게 된다. 은나라도 하늘을 섬기고 천명을 받았다면, 왜 망한 것일까?

천명을 받고도 망할 수 있다면 주나라 또한 망할 가능성이 있는 것이 아닐까? 이런 물음은 주나라 건국자들로 하여금 천명론에 새로운 의미를 부여해야 한다는 당위성을 느끼게 해주었을 것이다.

주나라가 천명을 받아[周受天命] 세워졌다는 것은 개국 초기부터 강조된 것이다. 그렇지만 은나라가 망한 것을 통해 볼 때 기존의 천명관은 한계를 드러냈다고 볼 수밖에 없다. 따라서 그 한계를 넘어서기 위해 인간의 '덕' 혹은 '덕행'이라는 관념을 끌어와 기존의 천명론에 대한 수정을 시도하게 된다. 즉, 인간은 하늘이 부여한 운명에 따를 수밖에 없지만, 이것은 절대적인 것이 아니기 때문에 사람 스스로가 어떻게 덕행을 쌓고 노력하느냐에 따라 천명을 바꿀 수 있다는 것이다. 은나라 개국 시에는 탕왕湯王이 덕을 갖추고 있었기 때문에 천명을 받을 수 있었지만 마지막 왕인 주紂는 덕을 받들지 않고 폭군이 되었다. 따라서 새로운 천명을 받은 주 문왕文王이 새 왕조를 열고 그 아들 무왕이 주왕을 치게[武王伐紂] 된 것이다.

이처럼 인간의 덕행이 하늘에 영향을 미칠 수 있다는 생각은 상고시대부터 이어져온 '천인상감天人相感'의 관념을 강화시켜주었고, 사회 변화를 인간의 덕행과 결부시킴으로써 우주 운행 과정에 대한 인간의 능동적이고 도덕적인 참여를 강조하는 결과를 낳았다. 이를 계승한 것이 바로 공자로 그는 평생 동안 유교라는 인문적 이념이 근간이 된 이상적 세계상을 현실 속에 구현하기 위해 노력하였다. 막스 베버Max Weber는 유교를 가리켜 "인간을 '마술의 정원magic garden'에서 구출한 '합리화rationalization'의 산물"이라고 하였다. 유학이 갖고 있는 현세 중심적이고 인간 중심적인 특징은 인간의 덕성에 대한 신뢰와 합리성에 기반을 둔 사회에 대한 이상을 표방하고 있다.

그러나 인문적 시대가 열렸다 해서 완전히 이성이 지배하는 사회가 된 것은 아니다. 비록 공자가 불가사의한 현상이나 존재[怪力亂神]에 대해 말을 아꼈고[3] "삶도 모르는데 어찌 죽음을 알겠느냐未知生, 焉知死?"[4]며 영적 세계를 멀리하는 태도를 보였다고는 하나, 유교는 태생적으로 종교적 특성과 인문적 특성을 함께 갖고 있었다. 인간은 우연적 계기에 의존하던 나약한 존재에서 변화와 위기에 유연하게 대처할 수 있는 이성적 존재로 거듭났지만 한편으로는 조상신과 제사를 중시하였고, 점을 치는 행위도 여전히 유행했다. 아직까지 세상은 천·지地·인·귀鬼가 공존하는 공간이었고 현실 세계의 뒤편에 존재하는 본질적 세계에 대한 관심도 줄어들지 않았다. 유교를 종교로서 바라보는 시각과 유학적 가르침으로 이해하려는 입장이 공존하는 이유가 바로 여기에 있는 것이다.

유교는 원시유교에서 시작하여 한당유교漢唐儒敎, 송명宋明 신유학新儒學, 청대 고증학考證學, 현대 신유학이라는 여러 단계를 거치며 발전해 나왔다. 원시유교가 공자에 의해 유교가 처음 제창되었을 당시의 초기 모습을 담고 있다면, 한당유교는 음양이론과 황로도가黃老道家·법가法家사상 등이 융합된 정치화된 유교의 모습을 띠고 있다. 송명 신유학에는 명맥이 끊긴 도통道統을 이으려는 유학자들의 소명의식과 광범위하게 세력을 넓혀가던 불교에 대한 견제 심리가 담겨 있다. 청대 유학은 명말 불교화한 유학, 즉 양명陽明 심학心學에 대한 반발로 일어난 고증학 및 실학實學의 복고주의적 시도들을 보여주고 있다. 현대 신유학에는 물밀듯이 밀어닥친 서구 사상과 과학의 세례 앞에서 위기에 직면한 동양 전통 사상의 출로를 모색하고 새롭게 거듭나고자 하는 근현대 지식인의 고뇌가 고스란히 반영되어 있다.

이처럼 유교는 여러 시대를 거치며 탄생 당시의 원형으로부터 많이 멀어졌다. 긍정적인 측면에서 말하자면 온고지신溫故知新과 법고창신法古創新의 원칙을 기초로 한 창조적 전화轉化 과정이었다고 할 수 있지만, 부정적인 측면에서 말하자면 지식인들의 아전인수와 견강부회로 점철된 왜곡과 변질의 역사였다고 할 수 있다. 그러나 어떤 입장을 취하든 간에 유학을 종지宗旨로 삼는 사람이라면 누구나 공자가 주창한 유교의 참된 정수를 찾는 것을 목표로 삼았다는 점에서는 다르지 않았다고 할 수 있다.

음주를 경계함

프레이저가 쓴 『황금가지』에 따르면 동서양을 막론하고 고대에는 왕이 주술사의 역할을 겸했다고 한다. 왕이 제사를 주관했고, 왕이 주술 행위를 주도했으며, 왕이 점을 치는 의례를 통해 백성들에게 예언했다. 신의 대리자인 왕이 신과의 교통을 가장 중요한 정치적 책무로 생각하고 있는 한, 제사는 온 백성들이 받들어야만 하는 것이었고 한 사람도 빠짐없이 참여해 신에 대한 복종을 보여주어야 하는 의식이었다.

이런 행사에 희생과 술이 빠질 수 없다. 주로 전쟁에서 포로가 된 사람들이 희생이 되었고 이들을 신에게 바치는 잔혹한 제전에는 으레 술이 등장했다. 청동기는 예기禮器로서의 지위를 가지는 동시에 왕이나 군주의 위엄을 보여주는 상징으로 사용되었다. 은허에서 출토된 수천 점의 청동기들은 병기를 제외하고는 대부분 제례용 기물로 작爵(술잔)·각角(술을 데우는 데 쓰는 그릇)·준尊(술통)·뇌罍(술 담는 용기)·부瓿

(술 담는 그릇) 등 술과 관련된 것이 상당수를 차지하고 있다. 사람들은 술을 마시면 황홀한 상태에 도달해 신령과 일체가 될 수 있다고 믿었으며 신에게 술을 바칠 때는 찬란한 금빛을 띠는 청동 제기를 사용하였다(부을방정父乙方鼎이라는 청동기에는 제물로 바쳐진 짐승의 머리를 도끼로 내리치는 것을 본뜬 상형문자가 새겨져 있다). 이를 통해 보자면 당시 청동기들은 대부분 신성한 의식에 사용되었다는 것을 알 수 있다.

그러나 주나라는 은나라의 이런 제례 의식을 경계했다. 산 사람 대신 '용俑'이라는 제례용 인형을 사용해 순장의 악습을 줄이려 했으며, 은나라를 망하게 한 원인이 술에 있다고 보고 특별한 경우를 제외하고는 음주를 제한했다. 『서경書經』(『상서尙書』라고도 한다) 「주고酒誥」는 은나라의 멸망과 관련해서 후대가 반면교사로 삼을 만한 음주에 대한 경계의 말을 반복해서 기록하고 있다.

덕을 잃음이 술로 인한 것이 아님이 없으며 작은 나라와 큰 나라가 망함이 또한 술의 허물 아님이 없다. (제3장)[5]

문왕이 가르치시되…… 술을 자주 마시지 말라 하셨다. 여러 나라가 제사 때에만 마시되 덕으로 임해 취하지 말라 하셨다. (제4장)[6]

황폐하여 술에 빠져…… 은나라가 망하는데도 근심하지 않

아…… 하늘이 은나라에 망함을 내리시니…… 이는 하늘이 사

나운 것이 아니라 사람들이 스스로 허물을 부른 것이다. (제

11장) 7)

은나라가 망한 주된 원인 가운데 하나는 바로 술이다. 바

쿠스Bacchus적 문화의 은나라에서는 제사를 지내거나 점을

칠 때면 항상 술을 마셨다. 제사나 복서의 행위가 지나치게

빈번해 집단적인 음주의 기회가 많다보니 절제력을 잃어 결

국 나라를 망하게 만들었다는 것이다. 따라서 술을 절제하라

는 것은 제사를 최소화하라는 것이며, 이는 주나라가 인문의

사회를 표방했다는 것을 보여주는 것이다. 주대 이후에 제작

된 청동기를 보면 술잔과 술주전자 등 주기酒器의 수가 크게

줄어든 대신 이웃 나라와 맺은 맹약을 기념하기 위해, 군왕

과 충신의 공적을 기리기 위해, 그리고 명망 있는 가문의 경

사를 축하하기 위해 제작된 기물이 상당수 차지하고 있다는

것을 알 수 있다.

　주나라는 문왕 때 위수渭水 동쪽으로 진출해 은나라를 위

협했으며, 문왕의 둘째 아들(무왕의 동생) 주공周公은 인문적

규범을 통해 나라를 다스리는 '예치禮治'의 틀을 구축하였다.

무왕은 은나라 주왕의 군대를 대파함으로써 덕 있는 사람에

게 천하를 양보하는 '선양禪讓'의 형식이 아니라 무력으로 폭군을 내쫓는 '방벌放伐'의 방식으로 천하의 주인이 되었다.

은 주왕은 초호화 누각인 녹대鹿臺를 만들고 미녀 달기妲己와 주지육림酒池肉林에서 방탕한 생활을 하였으며 충신을 박해하고 살해한 폭군으로 유명하다. 그러나 은 주왕에 대한 이런 평가는 주 왕조 창업의 정당성을 강조하는 과정에서 과장된 측면이 있다. 갑골문에 기록된 내용을 보면 은 주왕은 천지신명에 충실하게 제사를 지냈고 동쪽 지역을 평정해 은나라의 국력을 강하게 만들었다고 한다. 그러나 주 왕조의 입장에서는 하극상을 범했다는 혐의를 쓰지 않아야 했다. 이를 위해 은 주왕을 의도적으로 폄훼했으며, 은나라를 토벌한 것이 천명을 받아 하늘의 의지를 실현한 것이라고 주장함으로써 주 왕조 건국에 신성성과 절대성을 부여하고 은나라 유민을 효율적으로 통제할 수 있는 토대를 마련했다.

조상신이자 부족신으로서의 '제'를 숭배하던 상 왕조가 조물주이자 덕 있는 자에게 천명을 내리는 보편적 주재자로서의 '천'을 섬기는 주 왕실에 의해 대체됨으로써 신화적 세계는 비로소 인문적 세계로 진입하게 되었다.

자학子學시대와 경학經學시대

1930년에 중국 최초의 체계적인 근대 철학사인 『중국철학사中國哲學史』를 쓴 펑유란馮友蘭은 중국의 철학사를 '자학子學시대'와 '경학經學시대'로 나누고, 중국은 아직 근대 철학의 시대로 진입하지 못했다고 주장했다. 그는 공자부터 한나라 초기 회남왕淮南王(유안)까지를 자학시대로, 동중서董仲舒부터 캉유웨이康有爲까지를 경학시대로 규정했다.

자학시대라는 말은 전국시대 이전에 『~자子』라고 이름 붙여진 책들이 대거 출현한 데에서 기인한 것이다. 비록 '자'라는 말이 선생님에 대한 존칭이고 『~자』라는 책은 스승으로 삼을 만한 현자들의 언행을 기록한 것이기는 하지만, 이것들 다수는 개인이 저술한 것이라기보다는 '학파의 책'으로 보는 것이 마땅하다. 고대철학은 대부분 제자백가諸子百家의 학으로 구성되어 있기 때문에 자학시대라고 한 것이다. 이에 대해 경학시대의 학자들은 과거로부터 전승되어 내려온 성현들의 말씀을 충실하게 해석하는 것에 치중했는데, 설령 자신만의 견해가 있다 하더라도 자학시대 철학자의 권위에 기대거나 자학시대 철학의 술어로 표현했다.

자학시대에서 경학시대로 넘어가는 중요한 계기로는 진시황秦始皇이 감행한 분서갱유焚書坑儒 사건과, 한 무제武帝와 동중서가 추진한 '파출백가, 독존유술罷黜百家, 獨尊儒術(모든 사상을 물리치고 오직 유학만을 숭상함)' 정책을 들 수 있다. 한 무제와 동중서의 정책은 유교만을 정통으로 간주하도록 만들었는데, 이로 인해 공자는 신격화되었으며 유교는 절대화되어 춘추시대 이후 자유롭고 개방적이었던 사상적 분위기는 사라지게 되었다. 다른 한편으로는 분서갱유를 거치며 유실된 경전 체제를 복원하는 작업이 진행되었는데, 이 과정에서 경전의 진위를 따지고 문구 해석에 치중하는 학풍, 즉 경학이 득세하게 되어 2천여 년에 걸친 경학시대가 막을 올리게 되었다.

진시황이 시행한 분서焚書의 효과가 제한적이었다는 주장도 있다. 진시황은 민간 소장의 책만 불살랐지 관청의 책은 불사르지 않았으며, 학문의 개인적인 전수만 금했지 국가의 박사에게 나아가 배울 수 있는 기회까지 막지는 않았다. 진시황의 의도는 사상을 통일하려는 것이었지 당시의 학설을 모두 없애려는 것은 아니었다. 특히 진시황이 분서령을 내린 때부터 한나라의 군대가 진나라 동쪽 관문인 함곡관函谷關에 진격할 때까지는 수년에 불과하므로 당시의 학설을 모조리 없애버리는 것은 불가능했을 것이다.

그럼에도 불구하고 분서로 인한 여러 사태들은 분명 중국 사상의 흐름을 크게 바꾸어놓았다. 특히 공자의 후손인 공안국孔安國이 공자의 옛집 벽에서 발견한 춘추시대 '고문경古文經'은 진시황의 분서를 피한 원전으로 간주되면서, 한대에 복원된 경전인 '금문경今文經'과 오랜 세월 다툼을 벌이게 된다. 금문경학자들은 고문경이 날조된 위서라고 주장하고, 고문경학자들은 금문경을 임의로 짜맞춰진 근거 없는 문헌으로 간주했다.

경전 해석을 둘러싸고 한나라 때 벌어진 학술·정치·문화 권력의 쟁탈전은 현재까지도 그 불씨가 이어지고 있다.

'열 가지를 미루어 하나로 합하는 자들'

춘추전국시대는 주나라 때부터 시행된 봉건제가 느슨해지면서 극도로 혼란해진 시기였다. 그러나 청동기에서 철기시대로 진입하게 됨으로써 사회·경제적인 측면에서 괄목할 만한 발전도 있었다. 무기 수준의 향상으로 전쟁 능력이 증진되어 영토가 확장되었으며, 철제 농기구의 등장으로 농업은 크게 발전하였다. 농업 생산량의 증대는 수공업의 발전으로 이어졌고 풍부한 재화는 상업의 발달과 도시의 성장을 촉진시켰다. 이런 가운데 신분제도 요동치기 시작했는데, 학문과 지식을 갖추고 있던 '사士'의 지위가 낮아지고 서민의

지위가 향상되면서 사 계층의 저변이 크게 확대되었다. 사士
는 원래 하급 관리로서 군주와 봉건적 관계로 엮여 있었지
만, 봉건적 질서가 와해되면서 어디에도 속하지 않은 비교적
자유로운 계급으로 재탄생하였다.

『설문해자說文解字』는 '士'라는 글자에 대해 다음과 같이
설명하고 있다.

> 사는 일을 맡는다는 것이다. 숫자 일—에서 시작하여 십十에
> 서 끝난다. 일과 십이라는 글자를 따른다. 공자는 열 가지를 미
> 루어 하나로 합하는 자들을 사라고 하였다.[8]

'士'는 '十'과 '—'이 합쳐진 글자로, 여러 사항을 종합해 하
나의 결론을 도출해내는 문사文士(학문으로 입신하는 선비)의
특징을 잘 드러내고 있다. 그러나 후한後漢 때인 2세기 초
에 나온 『설문해자』의 해설과는 달리, 더 이른 시기 금문金文
(은·주 시대 청동기에 새겨진 문자)을 보면 '士'라는 글자는 도끼
형태의 무기를 형상화한 것임을 알 수 있다. 이를 근거로 사
가 무사 계급에서 유래했다고 보기도 한다. 사는 원래 무기
를 들고 싸우던 무사였는데 후대로 오면서 문사로서의 선비
의 의미가 추가되었다는 것이다. "문에 관련된 일을 하려면
반드시 무를 갖추어야 하며 무와 관련된 일을 하려면 반드

시 문을 갖추어야 한다"⁹⁾는 공자의 말에서도 알 수 있듯이, 춘추전국 시기의 신흥 계층인 사는 문무를 겸비하고 비교적 높은 수준의 문화적 소양을 갖춘 사람들이었을 것이다.

그렇다면 사는 어떤 일에 종사했을까? 이들은 독립적인 지위를 갖고 학술과 육예六藝의 전수를 담당했으며 궁극적으로는 예악이 붕괴된 시대에 사회 질서를 바로잡고 도를 회복하고자 했다. 이들은 구체적인 재화를 생산하거나 실제적이고 실질적인 이익을 추구하는 농農·공工·상商과는 달리 인간이 지켜야 할 도의道義를 중시하고 마땅히 가야 할 길을 제시함으로써 신분적 의미를 뛰어넘어 인격적인 덕성을 갖춘 존재로 거듭나게 된다. 따라서 공자도 "선비는 도에 뜻을 둔다士志於道"¹⁰⁾고 한 것이다. 도란 진리로 향하는 길이고 사물이 제각기 마땅한 모습을 갖추는 이치다. 도에 뜻을 둔다는 것은 부단한 학습과 정진精進·실천을 통해 진리를 향해 나아가는 것이고 사람과 사물로서 갖춰야 하는 마땅한 모습을 궁구하는 것이다. 따라서 사는 한편으로는 초월을 지향하는 것처럼 보이지만 다른 한편으로는 세속을 떠날 수 없는 것이다.

문사의 약진은 지식인 계급의 흥기와 서민 지위의 향상을 동시에 의미한다. 서민층에 속해 있던 사람들 가운데 농업혁명으로 재산을 축적하거나 전쟁에 나가 공을 세운 자들은 새롭게 사 계급에 포함되어 입신양명의 꿈을 안고 관료가 되거나 지배계층에 진입하는 경우도 나오게 되었다. 이런 상황은 인간의 보편적 정서를 중시하여 서민의 지위를 끌어올린 유교 사상과 맞물려 계급 간의 평등 의식이 싹트는 계기를 마련해주었다. 이는 나중에 법 앞에 만인이 평등하다는 사상으로 귀족 계급의 지위를 끌어내려 서민과 격차를 줄인 법가 사상과 묘하게 대비되기도 한다.

예악 붕괴로 상징되는 춘추전국 시기에 부국강병과 천하제패의 뜻을 품은 '예를 아는' 제후들은 치국治國의 철학을 가진 지식인들을 필요로 하였고, '예를 모르는' 지배계층이라 해도 제사의 절차나 사회적 법도, 가족이나 가문·국가의 구성원들 상호 간에 지켜야 할 예의범절이나 규범 등을 알기 위해 문사들을 중용했다. 예는 원래 신에게 제사 지낼 때의 몸가짐이나 마음가짐을 규정하는 것이었지만, 후대로 오면서 인간관계에서 지켜야 할 덕목으로 의미가 확장되어 정치제도나 사회문화 전반에까지 두루 영향을 미치게 되었다.

이처럼 사 계급을 매개로 인문적인 입장에서 사람 간의 관계를 설정하고 국가를 통치하려는 시도는 당시로서는 대단히 파격적인 것이었다. 신정국가 체제에서 필요했던 신과 자연에 대한 논의는 줄어들고 인간과 사회의 문제 그리고 국가 윤리에 관한 내용이 학문과 정치의 핵심 주제로 등장한 것이다. 이를 다루는 사라는 특수 계층으로 인해 지식인과 관료는 하나로 통합되었고 개인의 문제보다는 사회·국가의 문제를 우선시하는 경향이 나타났다.

학문과 정치에서 사가 중심이 되는 사회적 흐름은 이후 오랜 시간에 걸쳐 동양 분화에 심원한 영향을 미쳤다. 개인의 도덕적 성찰과 수양에 기초한 정치 참여는 '내성외왕內聖外王(안으로는 성인, 밖으로는 임금의 덕을 갖춘 사람)'을 최고의 가치로 삼고 있는 문사들이 현실 세계에서 도를 실현할 수 있는 통로를 마련해주었다는 점에서 큰 의미가 있다. 그렇지만 관료가 된 사가 철학적·종교적 문제에 대한 해석권까지 독점하게 됨으로써 학문의 교조화, 사상의 국가 이념화라는 폐단이 깊이 뿌리내리는 계기가 되기도 했다.

유교는 누가 창시한 것일까?

유교는 언제부터 시작된 것일까? 유교든 유학이든 모두 '유儒'에 관한 가르침 혹은 학문을 의미한다면, '유'라는 것은 무엇일까?

우리는 흔히 공자가 유교를 창시했다고 말한다. 그렇지만 공자는 '유'라는 집단의 사상을 정리한 사람, 혹은 '유'라는 학문을 이어받아 유교 학파를 만든 사람이지, 유교 사상을 창시했다고 할 수는 없다. 다시 말하자면 공자의 유교 혹은 유학이 있기 전에 이미 '유'는 존재했다.

그렇다면 '유'란 무엇이고, '유'라는 집단은 어떤 사람들로 구성되어 있었을까?

『설문해자』에 보면 "유는 부드럽다는 의미다. 술사術士를 말한다儒, 柔也, 術士之稱"라는 해석이 나온다. 유는 상장례喪葬禮를 담당하던 전문가들로 은나라 때 등장했다. 이들은 사회적 지위가 낮고 보수도 적었으며 남의 비위를 맞추며 생활했기 때문에 '유柔(부드러움)'의 속성을 지니게 되었다는 말도 있고, 원래 무사에서 유래했지만 주나라 이후 인문화된 사회에서 생활하면서 문의 속성을 지니게 되어 유약하다는 의미를 갖게 되었다고도 한다. 술사란 육경의 지식을 가지고 귀족을 돕던 사람들을 일컫는 말이었다. 『한서漢書』「예문지藝文志」에서는 "유가는 대개 사도司徒의 관직에서 나왔으며 이들은 군주를 돕고 음양에 순종하며 교화를 밝히는 자儒家者流, 蓋出於司徒之官, 助人君順陰陽明教化者也"라고 설명하고 있는데 이들이 바로 술사들이다. 근대 학자 장타이옌章太炎에 따르면 '儒'는 고문자에서는 '需(수)'라고 썼으며 '수'는 기우제를 지내는 무당을 의미했다고 한다. 갑골문에서는 '儒'자를 찾아볼 수 없다. 따라서 후대(한나라)에 와서야 만들어진 글자라는 것을 알 수 있다. '需'는 팔을 벌리고서[而] 비[雨]를 기원하는 모습이나, 머리를 풀어헤치고[而] 기우제[雨]를 지내는 모습을 본뜬 글자로, 이로부터 '유'는 무당이나 제사장·주술사와 밀접한 관련이 있음을 알 수 있다.

이상의 해석들로부터 추론해보자면, 유는 원래 장례나 기우제를 담당하는 사람들이었으나, 인문의 시대로 들어와 제사가 상대적으로 간소해지자 예법이나 절차를 다루는 전문인으로 거듭난 것이다. 공자도 이런 무리들과 깊은 연관이 있는데, 전승되어 내려온 예에 관한 전문 지식을 정리하고 기술함으로써 유라는 집단(유가儒家) 또는 학문(유학儒學·유교儒敎)의 시조가 된 것이다.

비록 공자가 유라는 집단 또는 학문의 시조가 되긴 했지만, 유가라는 명칭이 등장한 것은 나중의 일이다. 현재 우리가 알고 있는 유가·도가·묵가墨家·법가 등의 명칭을 써서 최초로 학파를 분류한 인물은 한나라 때 황실의 전적을 관리하던 태사령太史令 사마담司馬談으로, 그는 『사기』를 편찬한 사마천의 아버지다. 사마담은 제자백가를 크게 음양가陰陽家·유가·묵가·명가名家·법가·도덕가道德家의 여섯 가지로 분류하고 각 학파 사상의 요지에 대해 의견을 덧붙였다. 유가에 대해서는 "학설의 범위가 너무 넓어 요점 파악이 어렵고, 육예와 관련된 경전은 헤아릴 수 없을 정도로 많아 몇 대를 배워도 그 학문에 통달할 수 없으며, 예절도 지나치게 번 잡해 제대로 배울 수 없다"고 하였다. "그러나 군신 간의 예를 세우고 부부와 장유의 구별을 가지런히 한 점과 천하의 모범이 되는 군주와 신하의 관계를 엄격하게 설정한 것은 유가만의 특징"이라고 평가했다.[11]

사마담에 이어 전한 말기의 유흠劉歆은 사마담의 분류에 종횡가縱橫家·잡가雜家·농가農家·소설가小說家를 추가해 열 개 학파로 구분하였다. 그는 학파 발생의 역사적 근원을 중시해, 제자백가는 주 왕실의 관직에서 비롯되었고, 주나라의 봉건제가 붕괴되기 전까지 관리와 교사의 구분은 없었다고 주장했다. 즉, 주나라 때까지는 특정 분야의 관리가 곧 그 분야에 관한 학문의 전수자였으므로 관학官學만이 계승될 수 있었다. 하지만 주 왕실이 권위를 잃은 후 각 분야의 관리들이 실직하여 전국에 흩어지게 되자 개별적으로 특정 전문 지식을 가르치는 사학私學이 성립되었다는 것이다. 따라서 각 학파의 유래는 바로 관리와 교사의 분리에서 비롯되었다고 본 것이다.

오늘날 우리가 알고 있는 제자백가의 특성과 차이는 대부분 사마담과 유흠에게서 유래했다고 할 수 있다. 그러나 두 사람 모두 제자백가가 활동했던 시대로부터 한참이나 떨어진 한나라 때 사람들이다. 또한 이들의 학파 분류는 학술의 사승師承 관계나 사상적 연관성에 근거하고 있다기보다 장서藏書의 효율적 관리를 위한 실무적 편의에 따른 것이었다. 따라서 그들이 설명한 학파들의 특징과 학파들 간의 관계는 실제와 다를 가능성이 있다.

1993년 중국 후베이湖北성 궈뎬촌郭店村의 전국시대 초楚나라 무덤에서 800여 점의 죽간竹簡이 발견되었다. 대부분 유가와 도가 계열에 속하는 죽간들의 연구를 통해 몇 가지 새로운 사실들이 밝혀지게 되었다. 특히 주목할 만한 점 중 하나는, 우리가 오랫동안 대립적인 관계로 이해해왔던 유가와 도가가 성립 초기에는 그렇지 않았을 뿐만 아니라 상보적인 관계에 놓여 있었다는 것이다.

유가와 도가를 대립적으로 보게 된 것은 전국시대 말기부터일 것이다. 20세기 말 최고의 고고학 성과로 일컬어지는 궈뎬촌 유물의 연구를 통해 중국 고대 사상이 수직적으로 발전해온 것이 아니라 수평적으로 전개되어왔으며 현재 우리가 알고 있는 학파의 계보와 관계 또한 후대의 특정 시점에 형성되었을 가능성이 크다는 사실을 알게 되었다. 나아가 장래의 고고학 발굴은 우리에게 새로운 역사 자료를 제공해주는 것 외에도 기존의 학설을 완전히 뒤집어버림으로써 사상사의 새로운 장을 열게 해줄지도 모른다.

제3장 공자의 유학

주나라는 새로운 천명론과 인문적 세계관을 무기로 삼아 은나라를 무너뜨리고 문화 제국의 모습으로 역사의 무대에 등장했다.

기원전 77년 평왕平王이 수도를 낙읍洛邑(지금의 뤄양洛陽)으로 옮긴 것을 기준으로 주나라는 서주西周와 동주東周로 구분된다. 동주는 다시 기원전 481년을 경계로 춘추시대(공자의 역사서 『춘추春秋』에서 유래)와 전국시대(『전국책戰國策』이라는 역사서에서 유래)로 나뉜다. 춘추시대는 제후들이 주나라 왕실을 능멸하고 제후국 간에 힘겨루기를 하던 패도霸道의 시대였다. 춘추오패春秋五霸에 이어 전국칠웅戰國七雄이 할거하면서 혼란의 정국이 이어졌다. 이처럼 춘추전국시대는 주나라의 봉건제가 무너지고 예악이 붕괴된 시대였지만 인간의 삶과 사회·국가의 의미를 진지하게 고찰하는 제자백가들이 등장해 사회 혼란을 해소하고 질서와 평화의 이상을 구현하기 위해 각축을 벌인 대전환의 시대이기도 했다.

공자는 주공이 정비했다고 알려진 주대의 예법인 주례周禮의 전승을 자신의 임무로 삼았다. 그는 천하의 도가 사라지고 혼란한 시대가 온 것은 주례가 붕괴되었기 때문이며 따라서 예를 회복하기만 하면 요·순의 태평성세로 돌아갈 수 있다고 생각했다. 아울러 모든 사람들이 '인仁'을 이루고 '정명正名'을 구현하는 데 힘써야 하며 이를 위해 자신의 인격을 수양해야 한다고 주장했다. 그는 15세에 학문에 뜻을 두고志于學, 서른에 굳게 일어서고而立, 마흔에 흔들림이 없었으며不惑, 쉰에는 하늘의 뜻을 알았고知天命, 예순에는 들어도 거슬림이 없었으며耳順, 일흔에는 하고자 하는 대로 해도 법도를 벗어나지 않았다不踰矩고 한다.[12] 또한 "도에 뜻을 두고, 덕에 근거하며, 인을 따르고, 예에서 노닐었다志於道, 據於德, 依於仁, 游於藝."[13] 평생 동안 잠시도 쉬지 않고 배우고자 했으며 사람이 본래 가지고 있는 덕성을 잘 보존하고 발휘하여 타인을 사랑하고자 노력했다. 이로 인해 공자는 후대의 많은 학자들에 의해 스승이자 성인으로 숭상되었으며, 그의 사상은 동양 문화와 학술의 근간을 이루게 되었다.

공자가 꿈꾼 세상

『사기』 「공자세가孔子世家」에 따르면 공자는 기원전 551년 노魯나라 창평향昌平鄕 추읍鄹邑에서 태어났다. 그의 조상은 송宋나라 사람이고 아버지는 숙량흘叔梁紇로 하급 무사였는데 무당집 안씨安氏의 딸과 야합野合(정식의 혼인 절차를 거치지 않고 남녀가 결합하는 것)하여 공자를 낳았다. 송나라는 은나라 유민이 정착해 살던 나라다.

공자는 태어날 때 머리가 움푹 들어가 있어서 이름을 구丘(언덕 구)라고 했으며 자라서는 키가 9척 6촌(약 210cm)에 달해 기이하게 보였다고 한다. 그는 어려서부터 제사 도구들을 늘어놓고 예의와 절차를 갖춰 제사 지내는 놀이를 즐겨 했다고 한다. 어떤 사람으로부터는 '성인聖人의 후예이자 통달한 자'라는 칭호를 얻기도 했는데, 여기서 말하는 '성인'이란 신의 목소리를 잘 듣고 풀이해주는 무당의 다른 이름일 가능성이 크다. 당시 공자는 어렸고 집안은 가난하고 지위가 낮았기 때문이다.

『사기』에는 후에 공자가 스스로를 평가한 내용이 나온다.

누군가 공자의 제자인 자로子路에게 스승의 사람됨을 물었을
때 그가 대답하지 않았다고 하자 공자는 이렇게 나무란다.
왜 "그 사람됨이 도를 배우는 데 게으르지 않고, 사람을 가르
치는 데 싫증 내지 않으며, 울분이 일어나면 먹는 것도 잊고,
즐거움으로 근심을 잊으면서, 늙음이 장차 다가오는 것도 알
지 못한다其爲人也, 學道不倦, 誨人不厭, 發憤忘食, 樂以忘憂, 不知老之
將至"고 말하지 않았느냐.14) 전하는 기록만으로 공자의 사
람됨을 섣불리 판단하기는 힘들다. 하지만 분명한 점은 그가
배우는 것과 가르치는 것을 매우 좋아하고 진실하게 감정을
드러내며 마음에서 솟아나는 즐거움을 묵묵히 되새기는 삶
을 살았다는 것이다.

공자는 생전에 '상갓집 개喪家之狗'15)라는 비웃음과 '가능
하지 않은 줄 알면서 하는 사람知其不可而爲之者'16)이라는 비
아냥거림을 듣기도 했다. 그러나 사후에는 평가가 완전히 달
라졌다. 그는 '소왕素王(왕위는 없지만 왕의 덕을 갖고 있는 사람)'
으로 추존되어 제후들의 사적만 기록되는 『사기』「세가世家」
에 이름을 올렸으며, 황제에 버금가는 '대성지성문선왕大成至
聖文宣王'17)으로 받들어졌다.

공자는 동이족東夷族으로 은나라의 후예다. 은나라 후손인
공자가 고국故國을 멸망시킨 주나라를 기꺼이 따르고자 했던
이유는 무엇일까? 그것은 주나라가 하나라와 은나라의 역사

와 문물을 파괴하지 않고 계승 보존하고 있었기 때문이다.

공자는 "주나라는 앞선 두 나라를 거울삼아 빛나는 문물을 이루었다. 나는 주나라를 따를 것이다周監於二代, 郁郁乎文哉, 吾從周"[18]라고 선언하였으며, 주 문화를 세운 인물인 주공을 일생 동안 공경하고 숭배하였다. 만년에 공자는 "심하도다, 나의 노쇠함이여! 오래되었도다, 내가 다시 주공을 꿈속에서 뵙지 못한 지도甚矣, 吾衰也, 久矣, 吾不復夢見周公"[19]라고 말했다. 늘 꿈속에서 만나던 주공을 보지 못하는 것이 노쇠함 때문이며, 도를 지키고자 하는 마음은 여전한데 도를 행할 수 있는 능력이 예전만 못함을 한탄한 것이다.

주공은 주례를 제정하고 장자상속제와 봉건제를 도입하는 등 주나라 문화와 제도의 기틀을 마련한 인물이다. 또한 무왕 사후 7년간 조카인 어린 성왕成王의 섭정을 맡았음에도 찬탈의 마음을 품지 않아 공자를 비롯한 후대 사람들의 존경을 받았다. 머리카락을 쥐고 밥을 뱉어내며 찾아오는 손님을 빠짐없이 만날 정도로 사람을 소중히 여기고 예의를 다해 대접했다는 데에서 유래한 '악발토포握髮吐哺'라는 고사성어는 그의 성품을 잘 보여주는 말이다.

이런 일화들로 인해 주공을 유학의 시조로 보는 사람도 있으며, 심지어는 주공을 '원성元聖', 공자를 '지성至聖', 뒤에 볼 맹자孟子를 '아성亞聖'이라 부르며 주공에 대한 존경과 추앙의 마음을 표현하기도 한다.

주공보다 500년 뒤에 태어난 공자는 주공이 천자에게 받은 봉국封國인 노나라에서 자신의 뜻을 실현시키고자 했다. 공자가 생각한 이상적 국가가 주나라였고, 이런 나라의 기틀을 다진 이상적 성인이 주공이었으며, 주나라의 도가 보존된 유일한 나라가 주공이 다스리고 자신이 태어난 노나라였기 때문이다. 공자의 정치적 이상은 주나라 재건과 예악으로 대표되는 주 문화 부흥에 있었다.

그렇다면 공자가 주공의 주나라에 기탁해 궁극적으로 추구한 이상적 사회는 어떤 형태일까? 그가 염원한 사회는 모두가 하나로 어우러지는 '대동사회大同社會'다. 그 구체적인 모습은 『예기禮記』 「예운禮運」편에 나온다.

나라에 도가 행해지면 사회가 공정해져서 현명한 사람과 능력 있는 사람이 지도자가 되고 신의가 존중되며 화합하는 사회가 이루어진다.

사람들은 자신의 부모만을 부모로 여기지 않고 남의 부모 또한 내 부모로 여긴다. 남의 자식들도 자신의 자식처럼 아끼고 위해주니 노인들은 여생을 편안하게 보낼 수 있게 된다. 젊은이들은 각자의 적성과 능력에 맞는 자리에서 일하게 되고 어린이들도 밝게 자라나며 홀아비나 홀어미처럼 의지할 데가 없고 장애 있는 사람들이 편안하게 살아갈 수 있도록 사회의 보호가 베풀어진다. 총각들은 제각기 분수에 맞는 처녀들을 배필로 맞이하게 되며 처녀들도 훌륭한 짝을 만나 행복한 가정을 꾸민다.

재물과 물건이 헛되이 쓰이지 않게 사람들은 그것을 감추지 않으며 자신들의 노력을 통해 얻게 되는 것 외에는 욕심을 부리지 않고 세상의 재물들이 자기 개인을 위한 것이라고 생각지 않기 때문에 권모술수나 남을 업신여기는 일들을 찾아볼 수 없게 된다. 도둑이나 불량배처럼 사회를 어지럽히는 사람들도 생겨나지 않으며 집집마다 문을 열어 개방적으로 살아가는 이 같은 세상을 일컬어 대동사회라고 한다.[20]

'대동사회'란 모두가 하나가 되는 지극히 조화로운 사회를 말한다. 일종의 유토피아Utopia라고 할 수 있지만, 유토피아가 말 그대로 '어디에도 없는u- 장소topos[烏有之鄕]'인 반면 공자의 대동사회는 백성들의 기본적인 생활이 보장되는 사회, 백성 모두 자신의 덕성을 발휘해 인간다운 삶을 누릴 수 있는 사회를 지향한다는 점에서 좀 더 현실적이라고 할 수 있다.

공자는 질서가 무너지고 전란이 이어져 원망이 하늘을 찌르는 '난세亂世', 자기 집안만을 위하지만 그래도 예의로써

다스려지는 '소강사회小康社會'를 넘어서 '대동사회'로 나아
갈 것을 꿈꾸었다. 공자의 꿈은 비록 실현되지 않았지만 그
가 품었던 대동사회의 이상은 2,500년이라는 세월을 뛰어넘
어 '화해사회和諧社會'라는 현대 중국의 계몽 구호 속에 여전
히 살아 울리고 있다.

좋은 공부의 시금석, 『논어』

"반 권의 『논어』로 천하를 다스린다半部論語治天下"는 말이
있다.

중국 송나라 때 조보趙普라는 학자가 있었는데, 송 태조太
祖 조광윤趙匡胤을 도와 천하를 통일하는 데 큰 공을 세워 승
상丞相의 자리에까지 오른 인물이다. 그러나 그의 학문이 깊
지 않고 읽은 책이라고는 『논어』밖에 없다면서 그를 폄훼하
고 반대한 사람들이 있었다. 이에 대해 조보는 "반 권의 『논
어』로 태조께서 천하를 평정하는 것을 도왔으니, 이제는 나
머지 반으로 폐하(태종太宗)께서 태평성대를 이룩하는 것을
돕겠다"고 말했다.

『논어論語』는 삶의 지혜와 나라를 다스리는 지침뿐만 아니
라 세상의 온갖 이치와 우주의 원리까지 전부 들어 있는 동

양 최고의 경전이다. 물론 『논어』를 읽기 전에 이런 사람이 었는데 다 읽고 난 뒤에도 다만 이런 사람이라면 이것은 곧 읽지 않은 것이다如讀論語, 未讀時是此等人, 讀了後又只是此等人, 便是不曾讀"라는 이정二程(주자朱子에 앞서 성리학의 기틀을 놓은 정호程顥·정이程頤 형제)의 말처럼, 책을 어떻게 읽느냐에 따라 다를 것이다. 하지만 동양 경전 가운데 역사적으로 가장 많이 읽히고 가장 많이 재해석되고 가장 많이 언급된 경전이 바로 『논어』라는 데에는 이견이 없을 것이다.

『논어』는 유교의 기본적인 경전인 '사서四書' 가운데 하나로, 공자의 언행과 사적을 기록한 책이다. '사서'는 『대학大學』『논어』『맹자孟子』『중용中庸』을 말하며, 『시경詩經』『서경』『역경易經(주역周易)』『예기』『춘추』의 '오경五經'과 함께 유교 문화의 정수를 담고 있다.

원래 『논어』에는 노나라 논어(『노논어魯論語』)와 제나라 논어(『제논어齊論語』), 공자의 옛집 벽에서 나온 고문古文 논어(『고논어古論語』) 등 여러 판본이 존재했다. 각 판본별로 편수와 편목·분량·순서 등도 같지 않았는데, 현재 통용되는 것은 『노논어』를 기본으로 하고 『고논어』를 참고해서 교정한 후 펴낸 판본이다(『제논어』는 한나라 말기에 유실되었다).

그렇다면 『논어』는 누가 펴냈을까? 『논어』가 공자의 말만을 편집한 책이라면 모두 "자왈子曰~"로 시작해야 하지만,

실제 『논어』를 보면 "유자왈有子曰~" "증자왈曾子曰~" 등의 문구도 상당수 등장한다. 주희朱熹(주자)의 「논어집주 서설論語集註序說」에 보면 "『논어』라는 책은 유자와 증자의 문인門人이 편집 완성한 것이다. 따라서 책에서는 유독 두 분만을 '자子'라고 칭하였다論語之書, 成於有子曾子之門人, 故其書獨二子以子稱"라는 구절이 나온다. 즉, 『논어』는 공자가 직접 편찬한 책이 아니라 공자 사후에 특정 제자나 학단에 의해 편집 출간된 것이라고 짐작할 수 있다. 1993년 궈뎬촌 초나라 무덤에서 이와 관련된 죽간이 발굴됨에 따라 『논어』가 공자의 제자인 중궁仲弓과 자유子游·자하子夏 등에 의해 편찬되었다는 한나라 학자 정현鄭玄의 주장에 무게가 실렸지만, 이 역시 확실한 것은 아니다.

편찬자가 중요한 이유는, 『논어』가 공자 사후에 제자나 문인들에 의해 편집된 책이라면 특정 제자나 문인·학파의 견해가 강하게 반영되었을 수 있기 때문이다. 그렇다면 공자 사상의 본래 모습을 객관적이고 정확하게 아는 것은 근본적으로 불가능하다. 『논어』가 후대 사람들에 의해 수정 보완된 책이라는 사실을 감안한다면, 『논어』를 신주 단지 모시듯 하며 한 글자라도 더하거나 뺄 수 없다고 주장하는 교조적인 입장은 타당성을 잃게 될 것이다.

『논어』에 기록된 글들은 대부분 앞뒤 맥락이 없는 말의 파편들인 데다가 뜻이 모호한 한자들이 많아 의미를 분명하게 알기가 쉽지 않다. 총 20편으로 이루어진 『논어』의 편명 또한 각 편의 첫머리에 나오는 두 글자를 취한 것으로, 각 장의 주제를 편명으로 삼고 있는 『맹자』 등과 다르다. 독일의 철학자 헤겔Georg W.F. Hegel은 『논어』에 담긴 내용이 지극히 평범하고 진부해 철학적 언설이라기보다는 잠언箴言에 가깝게 느껴진다고 혹평하기도 했다. 이러한 잠언적인 성격은 시대를 거치며 '미언대의微言大義(글의 이면에 감추어진 심오한 의미)'라는 말로 포장되어 문장 이면에서 심오한 의미를 찾아야 한다는 강박을 형성하면서 『논어』를 우리의 일상과 더욱 멀어지게 만들기도 했다.

『논어』에 기록된 공자의 말은 매우 평이하고 일상에 대한 깊은 통찰에서 나온 것이 많다. "배운 것을 때에 맞춰 익히라學而時習之" "남이 나를 알아주지 않아도 근심하지 말라人不知而不慍" "나보다 나은 사람을 친구 삼으라無友不如己者"[21] "덕이 있는 자 외롭지 않고 반드시 이웃이 있다德不孤, 必有隣"[22] "옛사람들은 자기 자신을 위한 공부를 했지만 지금 사람들은 남에게 보이기 위해 공부한다古之學者爲己, 今之學者爲人"[23]는 등의 구절이 대표적이다. 또한 공자는 어떤 것에 대해 설명할 때 웬만해서 3이라는 숫자를 넘지 않았다. "세 사람이 길을 가면 그 가운데 반드시 나의 스승이 있다三人行必有我師"[24]

"나에게 도움이 되는 세 종류의 벗과 해가 되는 세 종류의 벗益者三友, 損者三友"[25] "군자의 도는 세 가지君子道者三"[26] "3년 동안 아버지의 도를 바꾸지 않는다三年無改於父之道"[27]……. 비록 옛날 3이라는 숫자가 '많다'는 의미로 사용되었다고 해도, 훈계가 세 가지를 넘어가면 사람들의 실천력이 떨어진다는 서구 심리학 연구 결과를 생각해볼 때 인간에 대한 공자의 이해가 얼마나 투철했는지 잘 알 수 있다.

결론적으로 공자는 '차가운 머리로 새로운 말을' 하려는 사람이기보다 '뜨거운 혀로 평범한 말을' 하는 사람이었다고 할 수 있다. 이 점이 바로 『논어』가 오늘날까지 많은 사람들의 사랑을 받는 이유일 것이다.

인仁의 맛, 예禮의 멋

유교 혹은 공자 사상을 대표하는 단 하나의 개념을 꼽으라면 많은 사람들이 '인仁'을 말할 것이다. 인은 '사랑' '사람됨' '배려심' '선한 본성' 등으로 다양하게 풀이된다. 공자는 하나의 측면에서 개념을 규정하지 않고 듣는 사람의 수준과 특성, 상황과 맥락에 비추어 설명하는 것을 좋아했기 때문에 상황과 맥락에 따라 『논어』의 구절을 이해하는 것이 공자의 사상을 제대로 파악하는 데 도움이 될 것이다.

　"선생님은 이익과 운명과 인에 대해서는 드물게 말하셨다子罕言利與命與仁"[28])는 제자의 증언이 있긴 하지만, 대체로 『논어』에는 인과 관련된 말이 적지 않게 나온다. "교묘한 말과 보기 좋게 꾸민 얼굴에는 인이 드물다巧言令色, 鮮矣仁"[29]) "인에 대해서는 스승에게도 양보하지 말라當仁不讓於師"[30] "인이 멀리 있는가? 내가 인하고자 하면 인이 여기에 이를 것이다仁遠乎哉? 我欲仁, 斯仁至矣"[31]) 등등 어디선가 우리에게 익숙한 구절들이다. 그러나 이 말들은 인에 대한 직접적인 정의나 규정이 아니다.

　인에 대해 구체적으로 설명한 것 가운데 잘 알려진 것으로는 제자 번지樊遲가 인에 대해 묻고 공자가 대답한 대목이다. 번지는 공자의 72제자 가운데 한 명으로 가난한 농사꾼 출신이었지만 용맹하고 의리 있고 학문에 대한 열정이 가득한 학생이었다. 일설에 따르면 다른 제자에 비해 학문적 이해력이 다소 떨어졌다고 하지만 확인되지 않은 주장이며, 오히려 그는 틈만 나면 '인'이나 '지知' '덕' 등 유교의 중요 덕목에 대해 줄기차게 질문해서 스승을 괴롭혔던 모범적인 학생이었다고 한다. 이런 학생으로 인해 후대 사람들은 공자의 진면목을 제대로 볼 수 있게 된 것이다.

　번지가 공자에게 인에 대해 묻는 장면은 『논어』에 세 차례 나온다. 세 차례 질문의 내용은 모두 같지만 이에 대한 공자의 대답은 각기 다르다. 공자는 번지에게 인이란 "사람을 사랑하는 것愛人" "어려운 일을 먼저 하고 보답을 뒤로 미루는 것先難而後獲" "공손하게 생활하고 경건하게 일하며 정성을 다해 사람과 사귀는 것居處恭, 執事敬, 與人忠"이라고 설명하였다.[32) 서로 다른 상황에서 질문한 것이지만 공자는 절묘하게 '자신' '타인' 그리고 '자신과 타인'을 아우르는 세 가지 차원에서 인에 대해 설명하고 있다.

공자에게 인은 대단히 현실적이고 현세적인 개념이다. 인은 '귀신을 섬기는 일'이나 '죽은 뒤의 일'에 관한 것이 아닌 '사람을 섬기는 일'과 '살아 있을 때의 일'에 관한 것이다. 공자는 제자 계로季路(자로)와의 대화에서 "사람 일도 모르는 데 귀신 섬기는 일은 어찌 알겠는가未能事人, 焉能事鬼?" "삶도 모르는데 죽은 뒤의 일은 어찌 알겠는가未知生, 焉知死?"라며 제자를 힐난하고 있다.[33) 일반적으로 인을 인간의 본성에 내재된 도덕성이라고 풀이하는 경우가 많지만, 사실 공자에게 인이란 현실적이고 실제적인 삶에 관한 것으로 구체적으로는 사람을 섬기는 일이다. 따라서 유교의 핵심은 인의 '정신'이 아니라 인의 '실천'에 있다고 할 수 있다.

공자가 "나의 도는 하나로 모든 것을 꿰뚫고 있다吾道一以貫之"고 말한 것에 대해 증자는 "선생님의 도는 충과 서일 뿐이다忠恕而己矣"라고 하였다.[34] '충서忠恕'란 무엇인가? 글자 그대로 풀면 충은 '치우침 없는 것' 혹은 '두 마음을 먹지 않는 것'이고, 서는 '자신을 이해하고 타인을 이해하는 것'이다. 공자는 인의 원칙으로 충서를 제시하며 '충'은 "자기가 서고자 하면 먼저 남을 세우고, 이루고자 하면 남을 먼저 이루도록 하라己欲立而立人, 達而達人"[35]라는 말로, '서'는 "자기가 바라지 않는 바를 남에게 베풀지 말라己所不欲, 勿施於人"[36]라는 말로 설명했다.

이처럼 인이란 나에 관한 것이면서 타인에 관한 것이며, 나로부터 시작해 다른 사람에게까지 미치도록 하는 것이다. 즉, 인은 사람됨의 도리임과 동시에 남을 이끌 수 있는 도리이며, '극기복례克己復禮'와 '추기급인推己及人'을 통해 사회와 세계로 확장되어야 하는 것이다.

공자는 인과 함께 '예禮'도 강조했다. 인이 내면적 덕성에 해당한다면 예는 외면적인 사회 규범이나 윤리 질서를 의미한다. 나와 가깝고 먼 친소親疏의 정도를 따져 가까운 사람, 가까운 곳을 먼저 살펴야 한다는 인의 논리는 겸애兼愛를 주장한 묵자墨子에게 차별애差別愛라고 비판받기도 했지만, 공자 사상의 핵심은 인이 전부가 아니다. 공자는 "사람이 어질지 아니하거늘 예를 꾸민들 무슨 소용이 있겠는가人而不仁, 如禮何?"[37]라며 인의 우선성을 말하는 한편, 사람이 아무리 인하다 해도 자신을 극복하고 예로 돌아가지 않는다면 인은 결코 실현되지 않는다며 예의 필수불가결함도 강조했다. 예는 인을 기초로 해야 마땅한 행위가 되고, 인은 예의 실천이 없으면 실현될 수 없다. 인과 예가 서로 조화롭게 어우러져야 비로소 사회질서가 회복될 수 있는 것이다.

음악 마니아 공자

공자보다 반세기 정도 후에 활동한 그리스 철학자 플라톤 Platon은 예술 작품이란 이데아(에이도스∠eidos)의 그림자를 모방한 것에 불과하므로, 진리와 무관한 말로 사람들의 이성적 판단을 흐리게 하는 시인을 추방해야 한다고 주장했다. 그러나 '시인 추방론'을 부르짖은 플라톤도 음악에 대해서는 대단히 호의적인 입장을 갖고 있었다. 플라톤에게 음악이란 감각적 즐거움의 대상이 아니라 우주의 질서를 반영한 완벽한 이상의 세계이자 이데아의 현현顯現으로, 시민의 고상한 성격이나 냉정·절제·용기 등의 덕목을 양성하는 데 중요한 역할을 하는 것이었다. 따라서 국가 구성원들도 아름다운 음악처럼 서로 간섭하거나 충돌하지 않고 중용과 조화를 추구함으로써 이상적인 사회를 만들어나가야 한다는 것이다.

세계를 '현상'과 '이데아'라는 이분법적 방식으로 나누지 않았다는 점에서 공자는 플라톤과 다르다. 그러나 시와 음악에 대해 지대한 관심을 갖고 있었다는 점에서는 두 사람이 큰 차이가 없다. 특히 공자가 편집한 '육경六經' 가운데 예술과 관련된 경서가 두 가지(『시경』『악경樂經』)나 포함되어 있는 것만 보더라도 예술에 대한 공자의 관심이 어느 정도였는지 잘 알 수 있다. 공자는 『시경』에 대해 "생각에 삿됨이 없다思無邪"[38]고 하였고, 지금은 유실되어 일부 내용만이 전하는 『악경』에서는 "위대한 음악은 천지와 조화를 이룬다大樂與天地同和"[39]며 음악의 역할에 대해 매우 높이 평가했다.

『논어』에도 음악에 대해 언급한 구절이 열아홉 군데나 나온다. 이에 따르면 공자는 제나라에 있을 때 "순 임금의 음악인 〈소韶〉를 듣고 석 달 동안 고기 맛을 몰랐다子在齊聞韶, 三月不知肉味"을 정도로 음악에 심취했으며, 평소 노래를 잘 부르는 사람을 만나면 "반드시 다시 부르게 한 후 따라 불렀다子與人歌而善, 必使反之, 而後和之"고 한다.[40] 『사기』「공자세가」에 따르면 공자는 58세 무렵 사양자師襄子에게 금琴(거문고와 비슷한 현악기)을 배웠는데, 곡조와 연주법뿐만 아니라 곡이 상징하는 의미와 등장인물의 사람됨까지 이해할 수 있을 정도였다고 하니 음악에 대한 조예가 얼마나 깊었는지 짐작해볼 수 있다.

그러나 무엇보다 공자의 음악관을 가장 잘 표현한 말은 『논어』에 나오는 "시에서 일어서고, 예에서 서며, 음악에서 이룬다興於詩, 立於禮, 成於樂"41)라는 구절일 것이다. 공자는 시를 통해서는 인간의 기본적인 정서와 감정을 발견하고 계발할 수 있으며, 예를 통해서는 타인과의 다름과 구별을 인식하고 관용과 포용의 사회적 존재로서 설 수 있으며, 음악을 통해서는 모두를 아우르는 위대한 조화를 성취할 수 있다고 보았다. 이것은 공자가 음악을 단순히 예술의 한 장르로 생각한 것이 아니라 음악이 갖고 있는 사회 윤리적 가치와 기능까지 중시했다는 것으로, 사상사적으로 매우 중요한 의미를 갖는 것이다.

동양에서는 예로부터 예술을 기능론적으로 정의해왔다. 당나라 때의 미술사가 장언원張彦遠은 『역대명화기歷代名畵記』라는 책에서 예술이란 "교화를 이루고 인륜을 돕고 신묘한 변화를 탐구하고 심오함을 짐작하는 것成敎化, 助人倫, 窮神變, 測幽微"이라 하였고, 사마천도 『사기』「악서樂書」에서 "무릇 왕이 된 자는 음악을 지어 위로는 조상을 받들고 아래로는 모든 백성을 교화해야 한다凡王者作樂, 上以承祖宗, 下以化兆民"며 예술의 교화적 기능을 강조했다. 이런 예술관은 공자에게서 비롯되었다고 할 수 있다. 공자는 인을 실천하는 방법으로 예와 악樂의 역할을 강조했을 뿐만 아니라, 한 발 더 나아가 둘을 하나로 묶어 '예악禮樂'이라는 개념을 만들어냈다. 즉, 예와 악을 상호 보완적이고 불가분의 관계로 여긴 것이다.

예와 악의 관계에 대해서는 『예기』 「악기樂記」에서 집중적으로 서술하고 있다. 「악기」에는 "음악은 내면에서 움직이는 것이고 예의는 외면에 나타나는 것이다樂由中出, 禮自外作" "음악은 같아지기 위한 것이고 예는 구별을 위한 것이다. 같아지면 친해지고 구별하면 서로 공경하게 된다. 음악이 지나치면 음란한 데로 흐르고 예가 지나치면 사람들이 멀어진다樂者爲同, 禮者爲異. 同則相親, 離則相敬. 樂勝則流, 禮勝則離"는 등의 구절이 나온다. 즉, 악과 예는 안과 밖으로 나뉘긴 하지만 음악이 사람 사이의 관계를 동화시켜 화합하게 만든다는 점에서 예와 상호 보완적인 관계에 있다고 본 것이다. 사회 질서를 확립하고 유지하는 과정에서 흐트러진 균형을 바로잡아 화합과 조화를 도모하는 데는 음악만 한 것이 없으며, 반대로 화합만을 강조하다 초래된 무질서와 방종·혼란을 다스리기 위해서는 예가 필요한 것이다.

나라를 다스리는 요체는 여러 악기가 한데 모여 아름다운 소리를 내는 것과 마찬가지로 백성들의 감정과 정서를 이해해서 조화롭게 만드는 것이다. 따라서 예와 악은 유용한 정치적 도구였으며 나라를 다스리는 군왕에게는 없어서 안 되는 것이었다.

묵자는 백성들에게 음악이란 물적·시간적 낭비일 뿐이라며 음악을 비판하는 '비악非樂'을 주장하기도 했다. 그러나 고상한 음악을 연주하면 백성의 정서가 바르게 되고 음란한 노래를 부르면 민심이 혼란스러워진다는 사마천의 깨달음은 아마 공자가 음악을 중시했던 이유와 일맥상통할 것이다. 후대로 오면서 딱딱한 예만 강조되고 개인의 감정과 정서·욕망은 도외시되어 유교가 도학자道學者들만의 전유물로 변질되었다는 점을 생각해볼 때, 음악에 대한 최고의 예찬을 담고 있을 『악경』의 유실은 큰 아쉬움이 아닐 수 없다.

제4장 공자학단과 제자

공자는 최초의 직업 교사로 30세부터 학생을 받아 가르쳤다. 비록 51세 때부터 정치에 참여했다고는 하지만 교학敎學 활동을 그만둔 것은 아니었고, 56세 때 주유천하周遊天下를 시작한 이후에도 한 무리의 제자들을 이끌고 다니며 가르치는 일을 게을리하지 않았다. 『사기』에 따르면 공자는 『시』『서』『예』『악』을 위주로 가르쳤는데 제자가 대략 삼천 명에 이를 정도였고, 예·악·사射(활쏘기)·어御(말타기)·서書(글쓰기)·수數(셈하기)의 육예에 통달한 자도 72명이나 되었다고 한다.

제자들의 면면을 보면 공자가 중시한 차별 없는 교육, 즉

'유교무류有教無類'의 정신을 잘 엿볼 수 있다. 연령 면에서는 공자보다 다섯 살 적은 진상陳相을 비롯해 서른 살 아래인 안회顏回, 공자보다 무려 마흔아홉 살이나 적은 자장子張도 있었다. 출신 계층도 매우 다양해서 존귀한 신분의 맹의자孟懿子, 부유한 상인 자공子貢, 가난했던 안회 등이 함께 포함되어 있었다. 그렇지만 베[布] 한 묶음 정도로 예를 표하기만 하면 束修禮 누구나 공자의 가르침을 받을 수 있었다고 한다(물론 그것만으로 다 제자가 되는 것은 아니었다).

공자는 가르침에 있어 학문[文]·실천[行]·성실[忠]·신의[信]를 중시했고 억측[意]·무단[必]·고집[固]·아집[我]을 경계토록 했다. 학생 각자의 상황과 수준·능력에 따라 다르게 지도했으며 끈기 있는 문답, 스스럼없는 평가로 배우는 자가 스스로 깨닫게 될 때까지 반복해서 가르쳤다. 『논어』「선진先進」에 나오는 공서화公西華와의 대화는 대표적 예다. 자로와 염구冉求가 "들은 것을 바로 실행해야 하는지"에 대해 공자에게 질문했을 때 공자는 이에 대해 제자별로 다른 대답을 내놓았다. 이에 공서화가 이유를 물으니 "염유는 소극적인 성격이라 나아가게 한 것이고, 자로는 적극적인 성격이라 물러나게 한 것이다 求也退, 故進之. 由也兼人, 故退之"라고 하였다.

이 밖에 앞에서 보았듯 번지가 인에 대해 세 번 물었을 때 싫은 기색 없이 모두 자세하게 대답해준 것이나, 염구가 스승의 도를 실천하기에 '역부족力不足'이라 하자 "자신의 능력을 스스로 한계 짓고 있다今女畫"며 나무란 것42) 등은 공자의 교육 철학을 잘 보여주는 장면이라 할 수 있다.

이처럼 공자의 제자들은 나이와 계층, 타고난 재질 등이 다름에도 스승의 사상을 배우고 계승하기 위해 부단히 노력했다. 공자가 죽은 후 제자들은 정치에 몸담거나 교육에 종사하며 스승의 유지를 전하고자 노력했지만 공자 사상에 대한 이해 정도가 달라 이들은 급속하게 분화하게 되었다. 『순자荀子』에서는 유교에 대한 이해와 실천 정도를 기준으로 제자들을 대유大儒·아유雅儒·속유俗儒·소유小儒·산유散儒·천유賤儒 등으로 나누었는데, 구체적으로는 자궁子弓을 공자의 정통으로, 공자의 손자 자사子思와 그 제자 맹자를 정통을 이해하지 못한 인물로, 자장씨 무리를 말만 번지르르한 자들로, 자하씨 무리를 의관만 정제하고 있는 사람들로, 자유씨 무리를 염치를 모르는 자들이라 비판했다.43) 『한비자韓非子』「현학顯學」편에도 공자 사후 유학을 계승한 '전국 8파戰國八派'에 대한 언급이 있다. "공자가 죽은 후 자장의 유儒, 자사의 유, 안씨의 유, 맹씨의 유, 칠조씨의 유, 중량씨의 유, 손씨의 유, 악정씨의 유가 있었다自孔子之死也, 有子張之儒, 有子思之儒, 有顔氏之儒, 有孟氏之儒, 有漆雕氏之儒, 仲良氏之儒, 有孫氏之儒, 有樂正氏之儒." 이들이 구체적으로 누구를 가리키는지에 대해서는 의

견이 분분하다. 하지만 대략적으로 묵가의 학설과 비슷하거나(자장의 유가), 공자의 중용中庸 사상을 받들었거나(자사의 유가), 도가적 색채를 띠고 있거나(안씨의 유가), 협사俠士의 특징을 보이거나(칠조씨의 유가), 순자에 가깝거나(손씨의 유가), 맹자에 가까웠던(맹씨의 유가, 악정씨의 유가) 무리들로 보는 것이 일반적이다.

이상에서 볼 때 스승이었던 공자의 사상에 대한 제자들의 이해는 획일적이지 않았으며 상당히 다양했음을 알 수 있다. 심지어는 당시 유행하던 '겸애'설의 묵가와 '자연自然'주의 도가에 대해서도 개방적이었고, 칠조씨의 무리처럼 협사로서의 정체성을 유지하며 문무를 겸비할 것을 주장한 자들도 있었다.

오늘날 우리가 접하는 유교는 자사 계열로 관념적이고 내향적인 특징을 비교적 강하게 갖고 있다. 특정 제자나 학파의 입김이 강하게 작용해 형성된 후대의 유학은 원시유교가 갖고 있던 다양성과 개방성을 감소시켰을 가능성이 크다는 점에서 아쉬움이 있다. 그럼에도 불구하고 공자의 제자들과 그 이후의 유가 사상가들에게는 이들이 따르던 공통된 사상과 덕목·내용이 있었다. 그것은 요·순·우·탕·문·무堯舜禹湯文武의 도를 받든다는 것과, 공자가 중시한 육예를 중심으로 교육 활동에 임했다는 것, 인의예지仁義禮智와 효제충신孝悌忠

信 등의 덕목을 삶의 지침으로 삼았다는 것 등이다. 또한 이 모두의 전제가 되는 덕의 근원이 나 자신에게 있다는 것과 덕치德治를 숭상했다는 점이다.

공자는 "인을 행하는 것은 나로부터 말미암는 것이지 남으로부터 말미암는 것이겠는가爲仁由己, 而由人乎哉?"[44]라고 했다. 또한 『논어』에 보면 공자가 옛날의 명궁 예羿는 활쏘기를 잘했고 천하장사 오奡는 배를 밀 정도로 힘을 갖고 있었지만 결국 천하를 얻은 것은 농사만 짓던 우禹와 직稷이었다는 고사를 인용한 남궁괄南宮适을 칭찬한 대목이 나온다.[45] 이를 통해 볼 때 '덕성과 덕치'야말로 유교의 근본 정신이며 공자가 중시한 것임을 잘 알 수 있다.

도통道統과 공자의 추종자들

네덜란드 학자 에릭 쥐르허Erik Zürcher는 『불교의 중국 정복The Buddhist Conquest of China』에서 불교의 중국 전래사를 다음과 같이 정리했다. "위대한 종교가 위대한 문화를 정복했다." 여기서 말하는 위대한 종교란 '불교'를 말하며 위대한 문화는 중국 문화 중에서도 '유교'를 가리킨다.

인도에서 발생한 불교가 중국으로 전래되어 들어온 한나

라 말기에서 위·진·남북조魏晉南北朝까지는 참혹한 전란의 시기였다. 유교는 한나라를 거치며 국교國教화되어 지배 이념으로 확고하게 자리 잡았지만 도리어 백성들의 실제 생활과는 분리되어 외재적 규범이나 윤리강상倫理綱常만을 강조하는 억압과 강제의 수난으로 변질되었다. 이런 까닭에 현세에서 겪는 고통의 원인과 벗어남의 방법, 삶과 죽음을 아우르는 참된 세계에 대한 깨달음의 설법을 담고 있는 불교는 급속도로 중국인의 마음을 파고들었다.

불교의 중국 정복과 유교의 퇴락을 지켜보고 있던 당唐나라의 한유韓愈는 끊어진 유교의 명맥을 잇고 잃어버린 공자의 도를 찾기 위해 『원도原道』를 써서 '도통론道統論'을 제창했다. '도통'이란 '도를 전수하는 계통'이란 뜻으로, 정해진 계통에 따라 전해진 사상만이 정통성을 지닌다는 것이다. 한유에 따르면 유학의 도통은 요 임금에서 시작하여 순 임금에게, 순 임금에서 다시 우 임금에게, 다시 탕왕·문왕·무왕 그리고 주공과 공자·맹자에게로 이어져왔다.

물론 이러한 도통 연원은 한유가 처음 언급한 것은 아니다. 공자는 『논어』 「요왈堯曰」에서 처음으로 요·순·우·문왕·주공의 순서로 고대 성인들의 계보를 언급하였으며, 맹자는 요·순·우·고요皋陶·탕·이윤伊尹·내주萊朱·문왕·태공망太公望(강태공)·산의생散宜生·공자의 순으로 도통을 정리한 후 "지금 이 세상에 나 말고 또 누가 있겠는가當今之世舍我其誰?"[46]
라며 자신이 도통의 계승자임을 자임했다.

한유가 도통론을 제창한 이유는 무엇보다 당시 성행하던
불교와 도가 사상에 대응하기 위해서다. 그는 "제후가 오랑
캐의 예법을 쓰면 오랑캐로 대우하고 오랑캐라도 중국의 예
법을 받아들이면 중국인으로 대우하였다諸侯用夷禮則夷之, 夷
而進於中國則中國之"는 공자의 사례를 들어 지금 불교가 "오랑
캐의 법을 선왕의 가르침 위에 놓고 있으니 얼마 지나지 않
아 모두 오랑캐가 되지 않겠는가擧夷狄之法, 而加之先王之教之上,
幾何其不胥而爲夷也!"라고 우려했다. 그는 유교야말로 현세를
긍정할 뿐만 아니라 하늘의 본성을 부여받은 인간이 도덕적
품성을 회복하여 성인이 될 수 있도록 이끌어주는 유일한
가르침이라고 생각했다. 이에 비해 불교는 가족 관계와 사회
질서를 무시하고 현실이 모두 허상[空]이라고 주장하니 백
성들에게 엄청난 해악을 미친다고 보았다. 이는 "만물이 존
재하고 그에 따른 원리와 법칙이 존재한다[有物有則]"는 유교
적 세계관을 거스르는 것이다.

여기서 잠시 생각해볼 문제가 있다. 즉, 도를 전했다면 그
도는 누가 창시했으며, 도란 무엇이고, 어떻게 전했는가 하
는 것이다. 도통의 시작이 복희씨가 되었건 요 임금이 되었
건 그들 모두 신화 속 인물인데 어떻게 도를 창조했다는 말

인가? 또한 우왕과 탕왕, 주공과 공자, 공자와 맹자 사이의 시간적 거리가 수백 년이 되는데 얼굴도 모르는 사람들끼리 어떻게 도를 전했다는 것일까? 게다가 언어로 표현할 수 없는 성격의 도는 각자 마음으로 체득하는 수밖에 없을 텐데 그렇다면 사람마다 도에 대한 이해가 다른 것은 아닐까?

공자가 저술했다고 알려진 『주역』 「계사」에는 "형이상의 것을 도라 한다形而上者謂之道"는 말이 나오고, 『논어』 「공야장公冶長」에는 "스승님께서 본성과 도에 대해 말씀하시는 것을 들어본 적이 없다夫子之言性與天道, 不可得而聞也"는 자공의 말이 나온다. 노자老子는 『도덕경道德經』 첫머리에서 "말로 표현할 수 있는 도는 진짜 도가 아니다道可道, 非常道"라고 말했으며, 불교에서도 불도佛道는 "마음에서 마음으로만 전해질以心傳心" 수 있을 뿐 "말이나 문자를 통해 진리를 전할 수 없다不立文字, 敎外別傳"고 했다. 이처럼 도를 언어로 전할 수 없다면 무엇으로 전했다는 말인가?

도통론은 단순히 유학자들 간의 관계를 파악하거나 계보를 나열하는 데 목적이 있는 것이 아니다. 유학의 다양한 이론과 학설 가운데 누구의 주장을 정통으로 세우고 어떤 명분과 이론을 부각시켜 유학의 시대적 정통성을 확립할 것인가 하는 것이 도통론의 핵심이다. 따라서 중국의 유구한 역사 속에 존재했던 수많은 학파와 종파·이론 간에 사상적 주도권을 잡기 위한 치열한 지적 투쟁의 산물이 바로 도통론이라 할 수 있다.

도통론은 주류 사상의 정통적 지위를 획득하는 데 큰 기여를 하였고, 왕위나 정치 상의 계보를 중시하던 '정통政統'과 별도로 인본주의적 전통을 확립했다는 데 큰 의미가 있다. 그렇지만 다른 한편으로는 독단적이고 자의적인 기준으로 이단사설異端邪說을 규정하고 자신들의 주장에 비판적인 사람들을 사문난적斯文亂賊으로 몰아세움으로써 학문과 사상의 다양성을 해친 면도 있다. 또한 사상이나 정신이 몇몇 소수에 의해 발전해 나온 것으로 보는 영웅주의나 엘리트주의적 역사관을 표방하고 있다는 점도 도통설의 부정적인 측면이라 할 수 있을 것이다.

아성亞聖 맹자

동아시아 철학에서 '亞(아)'라는 글자는 맹자를 상징한다. 중국 고대의 자전字典인 『이아爾雅』에는 "亞, 次也"라는 풀이가 나온다. '차次'는 '버금가다' '둘째'의 의미로, 조금 모자라다는 뜻을 갖고 있다.

맹자는 공자의 도통을 이어받아 성인의 반열에 오른 인물이지만 공자의 손자인 자사의 문인이었던 그에게 공자와 동등한 지위를 부여할 수는 없었다. 따라서 일반적으로 맹자를 지칭할 때 '성인에 버금간다'는 뜻으로 '아성亞聖'이라고 한다. 이 말은 맹자의 격을 떨어뜨린다기보다 반대로 맹자의 위상을 공자와 비슷한 정도까지 끌어올리는 것이라 할 수 있다.

맹자는 공자 사후 100여 년이 지난 전국시대 중기에 태어났다. 태어난 곳은 노나라 창평향昌平鄉 추읍鄒邑으로 공자의 고향에서 멀지 않은 곳이다. 그런 이유 때문인지는 몰라도 맹자는 어려서부터 공자를 숭상했으며 공자의 손자에게 유학을 배우고 그 정신을 실천해서 오늘날에는 '공맹孔孟'으로 병칭되는 영예를 누리게 되었다.

그렇지만 송대 이전까지 맹자의 명성은 그다지 높지 않아서 오히려 공자의 수제자인 안회에게도 미치지 못할 정도였다. 당대의 한유나 이고李翶 등이 맹자를 도통의 계승자로 높이 평가한 데 반해 왕충王充·사마광司馬光·이구李覯 같은 사람들은 모두 맹자를 신랄하게 비판하는 글을 쓰기도 했다. 맹자는 북송 시기에 들어와서 '이정二程'이라고 불리는 정호·정이 형제와 그들의 제자인 주희朱熹에 의해 빛을 보게된다. 주자(주희)는 『예기』에 들어 있던 『대학』과 『중용』편을 독립시키고 주석을 달아 『논어』『맹자』『대학』『중용』의 '사서' 체계를 완성시켰는데, 이로 인해 맹자는 공자에 버금가는 지위를 얻게 되었다.

맹자가 송대에 이처럼 중시된 까닭은 그의 사상이 송대 유학자들이 바라던 정치적 이상에 부합했기 때문이다. 맹자의 사상은 공자의 학통에서 보자면 도덕주의 쪽으로 치우쳐 있지만 왕도정치王道政治의 이상과 이를 구현하기 위한 인의仁義의 강조, 성선性善의 당위성 논증 등은 송·명 신유학자들의 필요에 들어맞는 것이었다.

공자의 유학을 맹자가 계승하고 발전시켰다고는 하지만 공자와 맹자 사이에는 100년 이상의 격차가 있다. 앞서 말했듯이 아성으로서의 맹자의 위상은 송대에 들어와 형성된 것이다. 그렇다면 그 이전에 그런 평가를 받지 못한 까닭은 무엇일까? 공자와 맹자 사상 사이에 결정적인 차이가 있기 때문에 그런 것은 아닐까? 혹은 후대 학자들이 유학의 도통을 세우면서 자신들의 입장과 관점에 부합하는 인물을 찾다보니 맹자가 눈에 들어온 것은 아닐까? 다시 말하자면 맹자의 사상은 공자보다는 한유나 이정 등 당송대 도학자들에 더 가까운 것은 아닐까?

이 문제에 답하기란 쉽지 않다. 계승을 '답습'이 아닌 '발전'의 측면에서 본다면 설령 공자의 사상과 다른 점이 있다 하더라도 맹자의 사상은 분명 공자 사상의 발전이라 할 수 있다. 또한 맹자를 성인에 반열에 올린 송대의 유학도 원시 유학 그대로가 아니라 '신유학'이기 때문에 새로운 유학의 입장에서 본다면 차이점조차 창조적 계승으로 볼 수 있다.

주자가 쓴 「맹자집주서설孟子集註序說」에는 이정의 말을 인용한 구절이 나온다. "공자는 '인' 하나만 말했을 뿐인데 맹자는 입만 열면 '인의'를 말했다仲尼只說一個仁字, 孟子開口便說仁義." '인'은 공자 사상을 대표하는 개념으로 타인을 사랑하는 것이다. 그런데 맹자에게 오면 인보다 '인의仁義'라는 개념이 훨씬 자주 쓰이게 된다. 유교의 주요 덕목인 인의예지 가운데 '인의'가 중심인 것은 부정할 수 없다. '지智'는 인의를 인식하고 파악하는 능력을 말하고, '예'는 인의의 실천과 관련된 덕목이기 때문이다. 그렇다면 '의義'란 무엇인가? 의는 마땅함·공평함·공정함의 의미를 담고 있으며, 인과 비교해보자면 상대적으로 배제의 의미가 강하다. 법원 앞에 세워져 있는 정의의 여신상을 보면 그 의미가 더 와닿는다. 정의의 여신은 한 손에는 공평함을 상징하는 저울, 다른 손에는 배제와 처벌을 상징하는 칼을 들고 있으며, 판결에 공정함을 기하기 위해 천으로 눈을 가리고 있다. 즉, '의'의 원리는 포용의 원리인 '인'과는 대립적인 성격을 갖고 있다. 이처럼 상호 대립적이며 잘 어우러질 것 같지 않은 인과 의를 하나의 사회 속에서 실현시키고자 한 점은 기본적으로 맹자 사상을 이상주의적으로 만들어준다.

그러나 유학의 역사에서 맹자의 가장 큰 공헌은, 도덕을 인간성의 기초로 보고 사람이 선천적으로 구비한 선한 본성으로부터 정치 원리를 도출해냈다는 점이다. 맹자는 그것을 왕도정치 혹은 '인정仁政'이라고 했다. 맹자는 말했다.

사람은 모두 남에게 차마 [모질게] 하지 못하는 마음이 있다. 선왕께서 사람들에게 차마 [모질게] 하지 못하는 마음이 있어서 이에 사람들에게 차마 [모질게] 하지 못하는 정치가 있었나니, 사람들에게 차마 [모질게] 하지 못하는 마음으로 사람들에게 차마 [모질게] 하지 못하는 정치를 행하면 천하를 다스리는 것은 가히 손바닥을 움직이는 것과 같이 쉬울 것이다.[47]

여기서 '남에게 차마 [모질게] 하지 못하는 마음不忍人之心'이란 구체적으로는 맹자의 '사단지심四端之心'을 말한다. 측은側隱·수오羞惡·사양辭讓·시비是非의 네 가지 마음은 성선의 근거가 되며 인의예지의 단서가 된다. 맹자는 '인'한 마음을 발전시켜 인한 정치를 행하고 일정한 생업[恒産]을 보장하고 조세와 형벌을 감면하면 백성들이 올바른 마음[恒心]을 가질 수 있을 뿐만 아니라 저절로 효제충신의 마음을 갖게 된다고 보았다. 이것이 곧 맹자가 부르짖은 왕도정치이며, 당시 '패도'의 방식으로 부국강병을 추구하던 열국의 제후들에게 그가 유세하던 내용이었다.

맹자는 "마음을 다하면 본성을 알게 되고, 본성을 알게 되면 하늘을 알게 된다盡心知性知天"고 하였다. 마음을 다하는 '진심盡心'에서 본성을 아는 '지성知性'을 거쳐 하늘을 알게 되는 '지천知天'에 이르는 공부의 과정은 하늘이라는 절대적 권위에 기대던 데에서 벗어나 인간에 대한 신뢰를 바탕으로 인간의 존재 의의를 우주 차원까지 확장시키려는 시도다. 이는 공자가 강조한 인문 정신이 발전한 결과라 할 수 있다.

맹자는 "사람은 누구나 요·순이 될 수 있다人皆可以爲堯舜矣"[48]고 하였다. 또한 군주보다 백성을 높이고 백성과 함께 즐기려는 '여민동락與民同樂'의 민본民本 사상을 설파하였다.[49] 심지어는 덕이 없는 군주를 백성이 갈아치울 수 있다는 '역성혁명易姓革命'론까지 제창하였는데, 이런 점을 볼 때 맹자는 민본주의자이면서 동시에 혁명주의자적인 면모를 갖춘 진보적이고 혁신적인 유학자였다고 할 수 있다.

"어찌 꼭 이익을 말하는가"

유교는 기본적으로 '이익[利]'과 멀다. 공자는 "군자는 의로움에 밝고 소인의 이익에 밝다君子喩於義, 小人喩於利"[50]고 했으며, "스승께서는 이익에 대해서는 거의 말하지 않으셨다子罕言利"는 제자의 말도 전한다.[51] 맹자도 다르지 않다. 이익에 대한 맹자의 견해를 엿볼 수 있는 것으로는 『맹자』의 첫 구절, '불원천리不遠千里' '하필왈리何必曰利' 등의 사자성어가 등장하는 양梁 혜왕惠王과 나눈 대화가 유명하다.

맹자께서 양 나라의 혜왕을 만나보시니 왕이 말하였다. "노선생께서 천 리 길을 멀다 하지 않으시고 찾아와주셨으니, 또한 장차 내 나라를 이롭게 해주심이 있겠지요?"
맹자께서 말씀하셨다. "왕께서는 어찌 꼭 이익을 말씀하십니까? 오직 인의仁義가 있을 뿐입니다."[52]

이 문답을 보면 맹자는 '이익'을 유교의 핵심 개념인 '인의'와 대립적인 것으로 여겨 인의에 어긋나는 이익 추구를 경계하고 있는 것처럼 보인다. 또 다른 예를 보자.

송경宋牼이 초나라로 유세하러 가는 길에 맹자를 만났다. 맹자가 물었다. "진나라와 초나라 간 전쟁을 막기 위해 애쓰시는 데 경의를 표합니다. 한데 어떠한 내용으로 설득하시렵니까?"

"나는 그들이 서로 전쟁을 하는 것이 이롭지 않다는 점을 말할 생각입니다."

맹자는 송경에게 조언했다. "이익이 아니라 인의를 내세우도록 하십시오. 신하가 이익을 생각해 임금을 섬기고 자식이 이익을 생각해 어버이를 섬기지 않습니다. 군신과 부자, 형제가 이익을 버리고 인의를 생각하면서 대하도록 해야 합니다. 이렇게 하고서도 왕 노릇을 하지 못하는 자는 일찍이 없었습니다."53)

송경宋牼은 춘추전국시대 평화주의자로 사상적 경향이 묵자에 가까운 사람으로 알려져 있다. 그가 전쟁이 이롭지 않음을 앞세워 전쟁을 막겠다고 하자 맹자는 이익이 아닌 인의를 내세워야 한다고 강조한다.

이상의 두 대화에서 유의해야 할 것은, 맹자가 인의와 이익을 같은 지평에 두고서 우선순위를 논하고 있는 것이 아니라는 점이다. 만일 맹자가 인의에 부합하는지 여부로 이익 추구를 결정해야 한다고 주장했다고 생각한다면 이는 맹자의 사상을 '중의경리重義輕利(인의를 중시하고 이익을 경시함)'로 잘못 이해하고 있는 것이다.

맹자는 인의야말로 최상의 개념이고 무엇보다 우선시되어야 한다고 생각했다. 그렇지만 번번이 의와 이를 함께 묶어 말함으로써 사람들이 인간 행위 자체의 타당성에 대해 성찰하기보다 이익을 추구하는 인류 행위의 합리성에 주목하도록 만들었다. 예를 들자면 장사를 하는 사람이라 할지라도 때에 따라서는 의에 비추어 이익을 추구하고 심지어는 의를 앞세울 수도 있다. 그러나 상인이라면 이익을 남기는 것이 목적이기 때문에 의롭지 않은 이익은 취하지 않을 수 있다 하더라도 손해 보는 일은 할 수 없다. 반면 인간의 행위 가운데에는 손해를 보더라도 해야 하는 경우가 있다. 자신의 재물이나 재능을 기부해 사회적 약자를 돕거나 물에 빠진 아이를 구하는 것 등은 이익 추구와 근본적으로 관련이 없는 것이다. 따라서 맹자의 의리지변義利之辯의 핵심은 이익 추구 행위가 의에 부합하는지 따지는 데 있는 것이 아니라 인간의 행위가 인간으로서의 존엄과 자격에 부합하는지를 점검하는 데 있는 것이다. 즉, 사람이 어떤 행위를 할 때 행위의 결과가 자신에게 이로운지 여부를 행위 동기와 결부시켜서는 안 되고 행위의 동기 자체가 인의에 부합하는지만을 따져야 한다는 것이다. 어떤 행위를 마땅히 해야 하는지를 판단하는 근거는 행위의 결과가 어떤 이익을 가져다줄 것인지에 있는 것이 아니라 행위 자체가 어떤 동기를 갖고 있는

가다. 그 동기는 이익과는 상관없이 인의에 부합해야 하며 이 점이야말로 사람을 사람답게 만들어주는 것이다.

맹자는 "대인은 말에 꼭 신용이 있을 필요가 없고 행동에도 꼭 결과가 있을 필요가 없으니 오직 의를 따를 뿐大人者, 言不必信, 行不必果, 惟義所在"[54]이라고 했다. 또 "인은 사람의 마음이고 의는 사람의 길이다仁, 人心也. 義, 人路也"[55] "인에 거하면서 의에 말미암는다면 대인의 사업이 다 갖추어진 것이다居仁由義, 大人之事備矣"[56]라고도 말했다. 그러나 무엇보다 맹자가 강조하고자 한 것은 '사람이 사람 되는 까닭人之所以爲人'이다. 사람이 짐승과 다른 바는 아주 미미한데 그 차이를 무시하고 행동할 수 있는 사람을 일반인이라고 한다면, 그것에 유의하고 유념해 인간답게 행동하는 사람이 군자이고 성인인 것이다. 맹자는 사람이라면 누구나 요·순·우·탕과 같은 성인이 될 수 있다고 생각했다. 무엇보다 그 이치를 아는 것이 중요한데, 자신이 갖고 있는 본성을 확충[擴而充之]해서 사람이 사람 되는 까닭을 실현하는 것이야말로 공부의 핵심이고 성인으로 나아가는 지름길이라고 할 수 있다.

그렇다면 맹자는 이익에 대해서 어떻게 생각했을까? 맹자는 이익을 도모하는 것을 폄훼하지 않았고 공자 역시도 "군자도 재물을 좋아하지만 도리에 합당한 것만 취한다君子愛財, 取之有道"[57]며 정당한 이익 추구를 반대하지 않았다. 재미있는 사실은, 여러 문헌들을 통해 볼 때 맹자는 오늘날의 기준으로 보더라도 당시 상당한 재력가였다는 점이다. 춘추전국 시대에 활동했던 공자는 물론이고 평민 사상을 대표하던 묵자조차 자신의 능력을 발휘하여 도움을 주던 나라로부터 적지 않은 보수를 받았다. 맹자는 이들에 비해 훨씬 더 많은 연봉을 받았는데, 한 예로 제齊나라에서 경卿의 지위에 있을 때 매년 좁쌀 10만 종鍾(1만 5,000톤)을 받았다고 한다. 공자가 위衛나라에서 받은 좁쌀 6만 말(90톤)의 연봉과 비교해보면 당시 맹자의 재력이 어떠했는지를 짐작해볼 수 있다.

그러나 맹자는 천작天爵(하늘이 내린 벼슬, 즉 인의충신을 즐기는 것)을 닦으면 인작人爵(세속적 보상)은 저절로 따른다고 했으니, 그가 얻은 봉록은 부수적인 것일 뿐, 하늘이 내린 벼슬 가운데서 인간으로서 충만한 삶을 사는 것이야말로 맹자가 진정으로 바라던 것이라 할 수 있다.

제5장 유교의 반대자들

유교는 춘추시대에 이미 널리 유행하여 현학顯學(이름 높은 학설 혹은 학파)의 지위에 올라 있었다. '자기의 마음으로 미루어 남을 헤아린다'는 '추기급인推己及人'[58]과 '자기 주위의 사실로 미루어 남의 입장을 잘 고려한다'는 '능근취비能近取譬'[59]의 원리를 제시하여 자신에게서 시작해서 타인에게 이르는 '확충'의 중요성을 강조하였고, "내가 인하고자 하면 곧 인이 이른다我欲仁, 斯仁至矣"[60] 하여 인이란 의지의 문제임을 지적하였다. "임금은 임금다워야 하고 신하는 신하다워야 하며, 아버지는 아버지다워야 하고 아들은 아들다워야 한다"는 '군군신신부부자자君君臣臣父父子子'[61]로 대표되는 명분주의와 예악의 전승 및 교육을 중시하는 유교의 특징은 국가의 통치자들에게 받아들여져 나라를 다스리는 정치적·사상적 토대가 되었다.

그러나 다른 한편으로 이 같은 유교의 특징들은 도리어 다른 학파에게 유교를 비판할 빌미를 제공해주었다. "귀족들은 예로 다스리고 서민들은 형벌로 다스린다禮不下庶人, 刑不上大夫"[62]는 유교의 입장은 법가에 의해 불공평하고 무원칙하다는 비판을 받았으며, 가까운 사람을 먼저 사랑하고 그것을 확장해 타인에게 미치도록 하는 '친친親親(가까운 사람을 더 친하게 대하는 것)'[63]의 논리는 묵가 집단에게 차별애라는 지탄을 받았다. 또한 위계질서에 대한 과도한 강조와 후천적 명분의 중시는 도가에게 위선자들이라는 비판을 받았으며, 예교禮敎의 지나친 중시와 허례허식은 백성들의 공분을 사기도 했다.

물론 유교와 다른 학파(혹은 학자) 사이의 대립 관계는 학파 관념이 정립되고 난 후에 누군가에 의해 고의적으로 만들어진 것일 수도 있다. 『사기』에 보면 노자와 공자가 예에 대해 문답을 나누는 장면이 등장할 뿐만 아니라, 근래 발굴된 궈뎬의 초나라 간독[郭店楚簡]을 보더라도 노자가 유교의 인의를 반대하지 않았다는 것을 알 수 있다.

심지어 공자의 제자들 가운데 묵가의 주장에 동조하는 이들도 있었다 하니, 전국시대 말기 이전 여러 학파들 간의 관계는 우리가 알고 있는 것처럼 대립적이었기보다는 상보적이었다고 할 수 있다.

유교에 대한 후세의 비판은 대부분 주자에 의해 집대성된 송대 이학理學을 겨냥한 것이다. "천리를 보존하고 인욕을 버린다存天理, 去人欲"는 주자의 말이 원래 사람의 일차적인 욕망까지 부정하는 것이 아니었지만, 후대의 유학자들은 이를 엄격한 금욕주의로 이해해 사람의 기본적인 욕망까지 제거해야 할 대상으로 간주하였다. 심지어 『분서焚書』에서 "밖으로는 도학을 주창하면서 안으로는 부귀를 좇고, 유학자라는 우아한 옷을 입고서 행실은 개돼지"처럼 한다고 유교를 비판한 명대의 이탁오李卓吾(이지李贄)나, 「호질虎叱」에서 유학자들을 간장 쓸개까지 인의충결仁義忠潔로 가득하고 밖은 예악으로 잔뜩 치장한 인물이라 호랑이조차 먹지 않을 물건으로 묘사한 조선 후기의 박지원朴趾源 등에 이르면, '도학자'라는 명칭은 위선적이고 표리부동한 사람을 일컫는 대명사가 되어버린다.

이처럼 유교는 발전 과정에서 이론 자체의 원인으로 인해, 혹은 이것을 이해하고 해석하는 사람들로 인해, 또는 도학자인 체하는 위군자僞君子들로 인해 비판을 받고 '이理로써 사람을 죽이는[以理殺人]' 사상이라는 오명을 쓰기도 하였다.

타인의 얼굴에 묻은 검댕을 보고 자신의 얼굴을 살피게 되듯, 자신의 장단점과 특징은 타인에게 자신을 투사시켰을 때 훨씬 더 잘 볼 수 있는 경우가 있다. 유교를 비판하고 반대하는 주장들을 무조건 배척하기보다는 이들의 입장에서 유교를 바라보는 것도 유교를 객관적으로 성찰할 수 있는 하나의 방법일 것이다.

유가의 별종別宗 순자

"사람이 도를 넓히는 것이지 도가 사람을 넓히는 것은 아니다人能弘道, 非道弘人."[64]

『논어』「위령공衛靈公」에 나오는 공자의 이 말은 유교의 인문주의적 특징을 가장 잘 대표하는 말이다. 도란 인간과 동떨어진 먼 곳에서 고고하게 빛나거나 인간에게 은택을 내려 나아갈 길을 지시해주는 초월적 존재가 아니라, 사람이 스스로 마음먹기만 하면 언제든지 확장시킬 수 있는 존재라는 것이다.

한나라 때까지 '맹순孟荀'으로 병칭되며 맹자와 함께 유학의 명맥을 이어온 순자荀子는 하늘과 인간의 관계[天人之際]에 대한 이해 방식이 다른 유학자들과는 달랐다. 맹자는 개인의 자유를 강조하면서도 선천적으로 구비한 도덕적 심성을 중시했지만, 순자는 사회적 통제를 강조하는 동시에 하늘과 인간의 영역을 분명하게 구분하는 자연주의적 천명론을 내세웠다. 이는 유학의 주류에서 벗어난 이론이다.

당나라 한유는 순자의 사상에 대해 "대체로 양호하나 약간의 흠이 있다大醇小疵"고 다소 온건하게 비판하였지만, 송나라 유학자들은 그를 '순유醇儒(정통 유가)'가 아닌 '별종別宗'이라 몰아세우며 신랄하게 비판했다. 순자에 대한 평가가 좋지 않았던 가장 중요한 이유는 그가 '성선설性善說'이 아닌 '성악설性惡說'을 주장했기 때문일 것이다. 성악설은 인간의 본성이 악하기 때문에 형벌과 법률을 엄하게 적용해야 한다는 법가 사상의 근거가 되는 이론이다.

법가 사상은 진나라 군주 영정嬴政이 중국 최초의 황제(진시황)가 되는 과정에서 통치 이론으로 받아들여 천하 통일의 위업을 달성하는 데 큰 공헌을 했다. 그러나 '세계 최대의 공동묘지'라고 일컬어지는 만리장성 축조, 수많은 백성을 혹사시킨 대운하 건설, 지식인의 사상 자유를 질식시킨 분서갱유 등은 후대 사람들이 진시황을 폭정과 폭압으로 국정을 파탄낸 패왕霸王으로 기억하도록 만들었다. 따라서 그를 도와 천하를 통일한 재상 이사李斯와 치세의 전략을 제시한 한비韓非(한비자), 그 둘의 스승인 순자에 대한 평가는 부정적일 수밖에 없는 것이다.

물론 순자가 유독 송대 유학자들에게 시만 비판을 받은 이유는 그가 「비십이자非十二子」라는 글에서 도통의 전수자인 자사와 맹자를 공격했기 때문이기도 하다. 그는 자사와 맹자에 대해 "무릇 선왕을 본받기는 했으나 그 핵심을 알지 못하고…… 크게 치우쳐 체계가 없다"고 하며, 천하의 어리석은 사람들이 이를 좇아 그릇된 길로 들어서니 공자의 도가 잘못 전해진 것이 모두 그들의 탓이라고 비판했다.[65]

그러나 다른 한편에서 보자면 순자가 비판받은 내용은 순자 사상의 특징이며 후세의 사상에 공헌한 바이기도 하다. 그는 맹자의 인성론, 즉 성선설을 현실적으로 도저히 받아들일 수 없었다. 그는 공자가 '극기복례克己復禮', 즉 "자기를 극복하고 예로 돌아간다"[66]고 했을 때 극복해야 하는 대상으로 '자기[己]'를 지목한 것이야말로 인간의 본성이 악한 증거라고 생각했다. 그는 "사람의 본성은 악한 것이요, 그 착한 것은 인위적인 것이다人之性惡, 其善者僞也"[67]라고 주장했다. 순자가 말한 '본성[性]'은 태어나면서부터 자연스럽게 지니고 있는 자연적 본성, 혹은 생리적 본능을 말하는 것으로, 맹자가 도덕성의 측면에서 인성을 바라본 것과는 출발점이 완전히 다른 것이다. 순자가 보기에 선한 품성과 덕행은 후천적이고 인위적인 노력의 결과이지 결코 선천적인 것은 아니다. 배고프면 먹고 싶고 추우면 따뜻함을 바라고 아름다운 소리와 예쁜 색깔을 선호하는 것은 태어나면서부터 갖고 있는 자연적인 본성이다. 그러나 이런 자연적 본성을 제대로 제어하지 못하면 사람들 간에 충돌이 발생하고 사회는 큰 혼란에 빠지게 된다. 따라서 유가에서 추구하는 이상적인 '지선至善'의 경지에 도달하기 위해서는 인위적인 예의와 법도로 사람의 악한 본성을 잘 다스려야 한다는 것이다.

　사람의 본성이 악하다면 그 안에서 예의와 법도의 존재 근거를 찾는 것은 불가능하다. 맹자가 예를 '사양지심辭讓之心'이라 하여 인간의 천부적 본성으로 본 것과는 달리, 순자는 예가 소수의 성인이나 성왕, 위대한 스승에 의해 만들어진 것으로 보았다. 즉, 앞선 왕[先王]들이 예를 제정한 까닭은 사람들로 하여금 자연적 본성을 잘 제어하게 만들어 악한 본성으로 인해 발생하는 사회적 혼란을 줄이기 위해서라는 것이다. 맹자가 선왕을 본받아야 한다[法先王]며 과거 성인의 위상을 절대적인 지위까지 끌어올린 데 반해, 순자는 그렇게 만들어진 예를 현재에 구현할 수 있는 후왕後王(현재의 왕)들도 본받아야 한다[法後王]고 주장했다. 또한 법도가 중요하지만 법은 시대에 따라 변해야 한다고도 했는데 이 역시 후왕의 정치적 수완과 능력을 강조한 것으로, 군주가 천명을 받아 그대로 행한다는 전통적인 관념으로부터 벗어난 것이다.

순자 사상의 밑바탕에는 기존의 유학자들이 갖고 있던 절대적 천명관에 대한 비판 의식이 깔려 있다. 순자는 말했다. "하늘의 운행은 요 임금으로 인해 존재하지도 걸桀 임금(하夏나라 마지막 이금)으로 인해 사라지지도 않는다. 거기에 제대로 응하면 길하고 어지럽게 응하면 흉하다天行有常, 不爲堯存, 不爲桀亡. 應之以治則吉, 應之以亂則兇."[68] 순자는 '천'을 맹신하거나 두려워해야 하는 존재가 아니라 인간의 의지와 독립해서 운행되는 자연적 천으로 생각했다. 따라서 인간 세상의 길흉화복은 인간 스스로가 통제하고 만들어낼 수 있는 것이지 하늘이 인간에게 일방적으로 내려주는 것이 아닌 것이다. 순자는 이런 사상을 「천론天論」이라는 글에서 펼치고 있는데, 운명이란 인간의 실천적 노력으로 얼마든지 극복할 수 있다[人定勝天]는 생각과 "천명을 마름질하여 그것을 이용制天命而用之"해야 한다는 주장을 보면 순자가 왜 '천명'론이 아니라 '천'론을 썼는지 이해할 수 있을 것이다. 그는 전통 유교의 천명론에서 '명命'을 제거함으로써 숙명론에서 벗어나 인간 스스로 운명의 창조자가 되기를 바랐던 것이다.

덕은 타고나는 것이 아니라 유능한 교육자와 예의법도에 의해 계발되어야 한다는 주장은 순자를 탁월한 교육철학자로, 만들어주었다. 어찌 생각해보면, 예의 정신적인 측면을 강조한 맹자와는 달리 예의 기능적이고 형식적인 측면을 중시하고 숙명론 대신 인간의 실천적 노력을 강조한 순자야말로, 공자로부터 시작된 유교의 인본주의적 전통을 가장 충실하게 계승하고 있는 인물일지도 모른다.

성선性善과 성악性惡의 딜레마

남송 때 학자 왕응린王應麟이 쓴 『삼자경三字經』은 "사람이 태어날 때 성품은 본래 선했다人之初, 性本善"라는 구절로 시작한다.

성선설은 맹자에 의해 제기된 이후 유교 인성 이론의 핵심이 되어 대대로 전승되었다. 특히 '어린아이가 막 우물에 빠지려는 것[孺子入井]'의 예시를 통한 맹자의 성선 논증은 오늘날까지 유학자들 사이에서 금과옥조로 받들어지고 있다.

맹자는 사람이라면 누구나 선천적으로 '남에게 차마 [모질게] 하지 못하는 마음不忍人之心'을 갖고 있다고 보았다. 어린아이가 막 우물에 빠지려 할 때 누군가 그 아이를 도와주려 하는 것이 그 아이의 부모를 알아서가 아니며, 칭찬을 받고 싶어서 또는 비난받기 싫어서도 아니라 단지 인간이 본래 선을 향하는 마음, 즉 도덕적 성향이 내재되어 있기 때문이라는 것이다.[69]

공자는 '인성人性'과 같은 추상적인 주제에 대해서는 거의 언급하지 않았다. 전국시대에 와서 사회적 혼란이 가중됨에 따라 인간 본성에 대한 논의가 활발하게 전개되었다.『맹자』에서는 당시 유행하던 인성에 관한 세 가지 견해를 소개하고 있다. 첫째, 인성에는 본래 선한 요소도 없고 악한 요소도 없다(고자告子). 둘째, 인성에는 선으로도 악으로도 향할 수 있는 요소가 공존한다(칠조개漆雕開·공손니자公孫尼子). 셋째, 인성은 선천적으로 선하다(맹자), 혹은 선천적으로 악하다.(순자).

사실 성선과 성악의 논쟁이 발생한 데에는 부득이한 측면이 없지 않다. 성선설과 성악설은 가설에 대한 과학적 논증을 통해 결론으로 제시된 것이 아니라 혼란한 현실 세계의 문제를 해결하고 사람들을 올바른 방향으로 이끌기 위한 방안을 탐구하는 과정에서 '요청'된 것이라 할 수 있다. 맹자는 자사가『중용』첫머리에서 규정한 "하늘이 명하는 것을 성이라 한다天命之謂性"라는 구절에 종교적 당위성을 부여하여 인간의 본성이 선한 이유를 하늘에서 찾았다. 이로 인해 선한 행위는 '옳으니까 행해야' 하는 정언명령定言命令과도 같은 것이 된 것이다. 맹자는 사람이 하늘로부터 온전히 선한 본성을 부여받았기 때문에 그것을 잘 간수해야 할 뿐만 아니라 비록 일시적으로 그것이 바깥 사물에 유혹되어 가려졌다 하더라도 끊임없는 수양을 통해 본성을 되찾아야 한다[求放

心]고 주장했다.[70] 이에 반해 순자는 하늘과 인간의 본성을 연결하고 있던 필연적 관련성을 끊어버림으로써 도덕 행위를 이성적 논증의 결과물로 만들어버렸다. 예의와 법도를 중시하다보니 객관적 현실과 교육이 중요해진 것이며, 교육의 중요성을 강조하다보니 인간의 본성이 잘 계도되어야 한다는 측면이 부각되어 성악설로 귀결된 것이다.

그러나 맹자가 보기에 성악설은 이론적으로 중대한 결함을 갖고 있다. 그것은 아무리 후천적 교육을 강조한다 하더라도 인성이 선천적으로 불완전[惡]하다면 거기서 도출되어 나온 예의나 법도, 교육 내용 등도 필연적으로 불완전할 수밖에 없다는 것이다. 불완전한 제도로 악한 인성을 해결하려는 것은 근본적인 해결책이 될 수 없다. 이에 반해 인간이 선천적으로 선한 본성을 갖고 태어났다는 성선설의 주장은 모든 문제의 근원과 해결책을 바깥이 아닌 사람 내부에서 찾도록 함으로써 완전함을 담보할 수 없는 성악설의 문제를 근본적으로 극복하고 있다. 인간에 대한 절대적이고 무조건적인 긍정과 믿음이 없다면 해결책을 인간 외부에서 찾아야 할 것이고, 불완전한 존재가 완전한 것을 만들어낼 수 없다면 신과 같은 절대자를 필요로 하게 된다. 기독교에서 인간을 원죄를 갖고 태어난 존재로 보고, 불교에서 인간을 무상無常한 것에 대한 집착으로 고통 받는 존재로 보며, 프로이트

이래의 심리학에서도 인간을 무의식과 욕망의 부림을 받는
존재로 보는 것과 비교해볼 때, 유교의 성선설은 인간에 대
한 신뢰를 바탕으로 하고 있다는 점에서 동서양을 아우르는
보편 사상으로 자리매김할 수 있는 가능성을 갖고 있다 할
수 있다.

사실 맹자와 순자의 인성론에 대해서 사람들이 잘못 이해
하고 있는 부분이 적지 않다. 우선 순자의 성악설은 유학자
들에 의해 지나치게 부풀려진 측면이 있다. 순자가 말한 '악'
이란 도덕적 측면의 절대적인 '사악함'이 아니다. 사람은 태
어날 때 동물과 마찬가지로 본능과 욕구를 갖고 태어난다는
것이다. 본능과 욕구가 제멋대로 날뛰도록 놔두면 사람이 아
닌 짐승에 가깝게 되므로 교육을 통해 이를 순화시키고 바
로잡아야 한다는 것이다.

이처럼 선악에 대한 의미 규정에서부터 맹자와 순자는 다
르기 때문에 맹자의 성선설과 순자의 성악설을 직접 대비하
여 상반되는 주장으로 보는 것은 문제가 있다. 『순자집해荀子
集解』를 펴낸 청대 말엽의 학자 왕선겸王先謙은 "본성이 악하
다는 설은 순자의 본의가 아니었다性惡之說, 非荀子本意也"면서
"순자는 백성들이 혼돈된 세상을 만나 어리석어진 것을 보
고 감정이 격해진 나머지 본성이 악하다는 말을 했을 뿐이
다余因以悲荀子遭世大亂, 民胥泯棼, 感激而出此也"라고 하였다.

맹자가 성선설을 논증한 대목에 대해서도 이견이 있다. 청말민초清末民初의 학자인 리쭝우李宗吾는 『맹자』의 "사람들이 아이가 우물에 빠지려고 하는 것을 갑자기 보게 되면 다들 두렵고 측은한 마음이 생기는데今人乍見孺子將入於井, 皆有怵惕惻隱之心……"라는 구절을 분석하며, '측은'한 마음이 생기기 전에 먼저 '두려움[怵惕]'이 있었는데 왜 사람들은 '측은'만을 말하고 '두려움'은 말하지 않는 것인지 의문을 제기했다. 나 또한 인간이기 때문에 죽음에 직면할 수 있다는 본능적 두려움은 아이를 통해 증폭된 것으로, 이런 '두려움'은 '측은'에 앞서는 것일 뿐만 아니라 '두려움'이 없었다면 '측은'의 마음도 생기지 않았을 것이라는 말이다. 즉, 인간의 본능과 이기심이야말로 도덕적 인성에 앞서는 것인데 후세 학자들이 이 점은 간과한 채 '측은지심'만을 인성의 근본으로 삼았기 때문에 유학은 '천리를 보존하고 인욕을 버리는' 공허한 예교의 길로 들어서게 되었다는 것이다.

이상의 논의들을 통해 볼 때 성선설과 성악설에 대해서는 상이한 해석과 이해가 존재하며 이에 대한 해결은 결코 쉽지 않다는 것을 알 수 있다. 그러나 앞서 말했듯이 맹자가 성선을 주장하고 순자가 성악을 주장한 것은 당시 사회의 혼란과 도덕의 붕괴를 다스리기 위한 방편으로 제기된 것으로, 성악과 성선이란 개념에만 집착하기보다 인간에 대한 이해

의 지평을 넓혀준 사상적 고민의 결과로 이해하는 것이 좀
더 나을 것이다.

존공尊孔과 반공反孔·비공批孔

공자 또는 유학에 대한 역사적 평가는 '존공尊孔'과 '반공反
孔' 그리고 '비공批孔' 사이를 끊임없이 순환했다고 할 수 있
다. 공자를 존숭하고 떠받드는 '존공'은 대부분 왕권이 굳건
히 확립된 정치적 안정기에 유행한 데 반해, 공자를 비판하
고 비하하거나 반대하는 '비공'과 '반공'의 목소리는 주로 왕
조 교체기나 혁명의 시기에 터져 나왔다.

한 고조高祖 유방劉邦은 유생儒生들을 만나면 모자를 빼앗
아 거기에 오줌을 쌀 정도로 유학을 경멸했지만, 무제 때에
오면 '유학만을 높이고 다른 사상은 모두 내치는' 정책을 통
해 유학만 섬기고 다른 학문은 배척하였다. 송 태조 조광윤
이나 명 태조 주원장朱元璋이 반란을 일으켜 기존의 황제를
끌어내리려 했을 때도 유교의 도리가 역성혁명과 모순된다
고 생각해 배척했지만, 제위帝位에 오르고 난 뒤에는 공자의
유학을 되살려냈다. 이는 이민족 황제인 원元의 '쿠빌라이(세
조世祖)'나 청의 누르하치(태조)도 예외가 아니었다. 비록 속

으로는 유교를 배척하는 마음이 있었다 하더라도 나라를 통치하는 데 유용하다 여겼기 때문에 겉으로는 유화적인 태도를 취한 경우도 많았다.

송대의 주자는 "하늘이 공자를 내지 않았다면 세상은 오랫동안 한밤중처럼 어두웠을 것이다天不生仲尼, 萬古長如夜"라며 공자를 성인과 성왕으로 추켜세운 반면, 명대의 이탁오는 "그렇다면 신농씨와 복희씨부터 공맹 이전까지와 공맹이 죽고 난 후부터 이정과 주자의 시대까지는 세상이 캄캄해서 길을 갈 때 촛불을 켜고 다녔단 말인가?"라며 공자를 맹신하는 무리들을 향해 냉소를 짓기도 했다. 심지어 그는 『속분서續焚書』에서 자신을 한 마리 개에 빗대어 "나이 오십 이전까지 나는 앞의 개가 그림자를 보고 짖어대자 따라 짖어댄 것일 뿐, 왜 그렇게 짖어댔는지 까닭을 묻는다면 그저 벙어리처럼 아무 말 없이 웃을 뿐이었다"[71]라며 지난날 자신이 유학을 맹목적으로 추종한 데 대해 처절하게 반성했다.

중국 근현대 시기는 존공과 반공·비공이 첨예하게 대립한 시기다. 마지막 봉건 왕조인 청대 말기, 사대부들은 국사를 도외시하고 공리공담空理空談만을 일삼았고, 나날이 침략의 강도를 높여오는 서구 열강의 야욕 앞에서 중국의 낙후성은 남김없이 그대로 드러나게 되었다. 찬란했던 중화제국의 무기력과 무능함을 본 개혁적 지식인들은 그 책임을 유교와 공자의 사상에 돌리고 반反 전통 계몽주의 기치를 내세워 공자의 유산을 철저하게 파괴하려 했다. 이로 인해 공자의 유지를 받들고 유교를 계승하려는 보수주의자들과 이것을 배척하려는 개혁가들 사이에 그 어느 때보다 신랄한 설전이 벌어지게 되었다.

근대 시기에 존공을 주장한 인물로는 캉유웨이가 대표적이다. 그는 금문경학今文經學의 추종자로, 경전 해석에 치중한 고증학과 주자학을 비판하고 드러나지 않은 경전의 의미를 밝히는 데 주력하였다. 그는 공자를 '탁고개제託古改制', 즉 옛것에 의탁하여 현재의 제도를 고친 사상가로 여겼으며, 유교 본래의 정신을 탐구해 사회 개혁을 추진하고자 하였다. 이처럼 전통 사상을 토대로 개혁을 추진했기 때문에 캉유웨이는 '변법유신變法維新을 추진한 개혁적 사상가'이면서 '공교孔教 운동을 전개한 전통주의자'의 상반된 두 면모를 갖게 되었다.

캉유웨이는 공자를 교주로 하여 유학을 국교로 삼을 것을 주장하였다. 실제로 그는 '공교회孔教會'와 교부教部를 세우고, 공자가 태어난 해를 원년으로 삼아 연도를 계산하는 '공자기년孔子紀年'을 실시하였으며, 제1차 전국공교대회全國孔教大會(1912. 9. 27.)를 개최하는 등 존공 운동을 주도하였다.

캉유웨이가 광범위하게 공교 운동을 펼칠 수 있었던 데는 스스로 황제의 자리에 오른 중화민국 초대 총통 위안스카이袁世凱의 지원이 절대적이었다. 위안스카이는 "중화의 나라를 세우는 데는 효제충신과 예의염치禮義廉恥를 근간으로 삼아야 한다"며 유학의 국교화에 힘을 실어주었다. 물론 이는 자신의 정치적 야욕을 실현하는 데 유교가 유용할 것이라 생각했기 때문이다. 캉유웨이는 청교도 윤리가 서구의 자본주의 혁명을 배태했다는 막스 베버의 주장처럼 유교 또한 종교 혁명을 통해 중국을 환난과 몽매 가운데에서 구해줄 것이라 믿었다. 그러나 서양의 종교 개혁이 개인주의를 지향했던 것과는 달리 캉유웨이의 공교 운동은 민족주의를 지향했고, 유교(공교)에서 '교敎'의 의미도 종교보다는 교육과 교화의 의미가 강했기 때문에, 이 둘을 같은 차원에서 논의하는 것은 무리가 있다. 캉유웨이의 제자 량치차오梁啓超는 유교가 서양의 기독교와는 완전히 다르고 공자 또한 신이 아니라며 공교 운동의 비합리성을 지적했으며, 장타이옌은 지배 세력의 우민화愚民化 정책에 부응하는 것이라며 반대 입장을 분명히 했다.

비공과 반공의 목소리는 20세기 초 5·4신문화운동五四新文化運動을 계기로 폭발적으로 터져나오게 된다. 5·4운동의 주역 중 한 사람인 우위吳虞는 공자를 춘추시대의 큰 도적인 도척盜跖에 빗대어 '도구盜丘'라 하면서, "도척의 해악은 일시에 그치지만 도구의 화는 만세에 미친다"고 하였고, 공산주의자 리다자오李大釗도 "공자는 수천 년 전의 잔해와 뼈다귀일 뿐"이며 "역대 제왕 전제 정치의 호신부護身符"라고 깎아내렸다.

유교에 대해 신랄한 비판을 가한 인물로 작가 루쉰魯迅도 빼놓을 수 없다. 그는 『광인일기狂人日記』에서 이렇게 말했다.

역사서를 뒤적이며 조사해보니 역사에 연대도 없고 페이지마다 '인의도덕'이라는 몇 글자만이 삐뚤삐뚤 적혀 있었다. 나는 뒤척이며 잠을 잘 수가 없었기에 늦게까지 자세히 살펴보았다. 그러자 글자와 글자 사이에서 글자를 볼 수 있었는데, '흘인吃人(식인)'이란 두 자가 쓰여 있었다.

유교를 가리켜 사람 잡아먹는 '흘인'의 사상이라고 비난한 루쉰의 말은 허위의식으로 점철된 유교를 신랄하게 비판한 청대의 진보적인 사상가 대진戴震을 떠올리게 한다. 그는 "가혹한 관리는 법으로써 사람을 죽였으나 오늘의 유학자는 하늘의 이치[天理]를 들어 사람을 죽인다酷吏以法殺人, 後儒以理殺人"면서, 사람이 생활하는 데는 기본적인 욕망과 감정이 중요한데 유교는 천리만을 강조하고 기본적인 욕망과 감정을 억압하여 인간성을 파괴하였다고 주장했다.

그러나 역사상 출현했던 '비공'과 '반공'의 실질은 공자를 반대하고 비판한 것이라기보다는 왜곡되고 변질된 특정 시기의 유교에 대한 반대였다. '존공' 역시 자기 생각 없이 무리에 영합하거나 정치적 필요에 의해 이루어진 것도 적지 않았다. 따라서 '존공'과 '비공' '반공'의 논리에 이끌려 주체성 없이 유교를 받들거나 배척할 것이 아니라, 유교의 본질과 공자의 진면목을 진정으로 이해하고 올바르게 인식할 필요가 있다.

명나라 때 중국에 건너온 유럽의 선교사들은 기독교와 유교가 유사하다는 전제 아래 기독교로 유학을 보완한다는 '보유補儒'의 주장을 내세웠다. 그들은 유교가 주자의 성리학과 왕양명王陽明의 심학에 의해 왜곡되었기 때문에 참된 유학을 알기 위해서는 천주교 교리와 흡사한 원시유교로 돌아가야 한다고 생각한 것이다.

반공과 비공의 전통이 강했던 사회주의 중국에서도 오늘날 사회가 안정되면서 '존공'의 목소리가 높아지고 있다. 피와 살이 있고 감정과 욕망을 지닌 '인간 공자'는 사라지고 허울과 명분뿐인 껍데기를 내세워 '존공'을 주장하는 것은 아닌지 생각해볼 일이다.

아리아드네의 실타래를 풀어가는 여정

인도 사람들은 몇 마리의 커다란 코끼리가 지구를 떠받치고 있다고 믿었다. 그리고 그 코끼리들을 떠받치고 있는 것은 엄청나게 큰 거북이라고 생각했다. 그렇다면 그 거북이를 떠받치고 있는 것은 무엇일까? 독일 철학자 모리츠 슐리크Moritz Schlick는 "항상 처음부터 다시 시작하지 않으면 안 된다는 것이 철학자가 하는 일의 특징"이라고 하였다. 즉, 지구를 떠받치고 있는 것은 코끼리이고 그 코끼리를 떠받치고 있는 것이 거북이라면 거북이를 떠받치고 있는 것이 무엇인지 묻는 것이야말로 철학자가 해야 할 일인 것이다. 다시 말하자면 전제에 대한 끊임없는 검토와 비판·탐색이 철학자의 임무라는 것이다.

대부분의 학술과 사상·종교 등은 의심해서는 안 되는 절대적인 전제를 갖고 있다. 그 전제를 의심한다면 그 학술과 사상·종교는 성립할 수 없다. 기독교의 절대 전제는 야훼(여호와)만이 유일신이라는 것이고, 불교의 절대 전제는 세상이 참되지 않다[空]는 것이며, 플라톤 철학의 절대 전제는 세계가 현상과 이데아로 이원화되어 있다는 것이다. 절대 전제는 학술과 사상·종교의 출발점이면서 결론이기도 하다.

유교의 절대 전제는 무엇인가? 세계가 실제로 있다[實有]는 것일 수도 있고, 인간의 본성은 선하다[性善]는 것일 수도 있다. 인간은 하늘로부터 본성을 부여받았다는 것일 수도 있고, 세계는 도덕적 관계로 질서 지워져 있다는 것일 수도 있다. 이러한 절대 전제를 근거로 사상은 씨앗을 퍼뜨리고 싹을 틔웠으며 꽃을 피웠다. 이러한 절대 전제를 발판 삼아 과거를 돌아보고 현재를 관찰하며 미래를 예견했다.

그렇지만 아무리 절대적인 전제라 하더라도 의문을 던져야 하는 것이 학자의 임무다. 어찌 보면 공자도 그런 인물 가운데 한 사람이었을 것이다. 세상을 주재하는 초월적이고 절대적인 존재에서부터 도를 체현한 인간으로 시선을 돌린 것이야말로 기존의 절대 전제를 뒤집어 새로운 문명의 축을 만들어낸 획기적 사건이었다. 여기서 한 발 더 나아가 유교라는 인류 보편의 사상을 만들어냈고 인간의 삶과 자연의 운행 법칙을 통찰하여 천지와의 조화를 이룰 수 있는 방법과 실마리를 남겨주었다.

2,500년 전 공자의 예언이 오늘날 제대로 된 힘을 발휘하려면 현실에 맞는 설득력을 갖춰야 한다. 틀림없는 예언의 능력을 얻게 되었음에도 아폴론의 사랑을 거부한 대가로 '설득력'을 빼앗겨버린 그리스 신화 속 카산드라의 경우처럼, 아무리 정확한 예언이라 해도 상대방을 움직일 수 없다면 무용지물이다.

그렇다면 오늘날 유교 사상이 설득력을 갖추기 위해서는 어떤 것이 필요할까?

가장 중요한 것은 타인을 비판하거나 가르치려드는 것이 아니라 힘들고 고통 받는 사람에게 따뜻한 시선을 던지고 감싸 안으려는 포용적 자세를 취하는 것이다. 이것은 인문학이라 불리는 모든 학문의 본질이어야 한다. 이를 망각한다면 그것은 더 이상 인문학일 수 없다. 공자의 사상이 인문학이라면, 인문학은 이론이면서 실천이고, 학문이면서 생활이다.

다음으로는 과학적 방법과 객관적 시각, 여기에 새로운 발굴 성과가 더해져야 한다. 과거의 것을 무조건 믿는 '신고信古'도 아니고 무조건 의심하는 '의고疑古'도 아닌, 합리적 의심과 엄밀한 해석으로 과거를 새롭게 조명하는 '석고釋古'의 태도 또한 필요하다. 카E. H. Carr는 『역사란 무엇인가*What Is History?*』에서 객관적인 역사가는 "사회와 역사 속에서 자신의 위치로 인해서 제한되어 있는 시야를 넘어설 수 있는 능력과 자신의 시야를 미래에 투사할 수 있는 능력이 있고, 그런 만큼 과거를 더 심원하고 더 지속적으로 통찰할 수 있는 능력이 있는 사람"이라고 했다. 어느 시대든 그 시대는 시대에 맞는 해석을 요구한다. 앞서 말한 시야와 투사 능력·통찰력을 갖게 된다면 과거의 자료와 문헌·사상은 시대마다 새롭게 해석되어 현재의 자료와 문헌·사상으로 끊임없이 재탄생하게 될 것이다.

지금까지 우리는 원시유교로 여행을 떠났었다. 여행을 통해 우리는 공자의 유교가 후세에 전하고자 한 정신이 무엇인지 살펴봤다. 인간에 대한 긍정적 이해와 합리적 태도, 변혁의 정신과 중용의 원칙도 중요하지만 개인의 사사로운 이해관계를 뛰어넘어 세상과 대의大義를 염려하고 내일을 대비하고자 하는 '우환의식憂患意識'이야말로 이 모든 것의 근간을 이루고 있는 것이라 할 수 있다. 공자는 "덕을 닦지 못하는 것과 학문을 익히지 못하는 것, 옳은 일을 듣고도 실천하지 못하는 것과 옳지 못한 점을 고치지 못하는 것"에 대해 항상 근심하며 반성했다.[72] 남들이 보지 않더라도 경계하고 삼가며, 남들이 듣지 않더라도 두려워하고 근심하는 '신독愼獨'의 자세로 끊임없는 자기 반성을 통해 인간 존재에 대한 자각과 자기 완성을 추구해야 한다는 것이다.

원시유교는 우리에게 한 뭉치의 실타래를 전해주었다. 이제는 우리가 그 실뭉치의 실마리로 현재를 이해하고 미래를 대비해야 한다. 원시유교가 과거에만 속한 것인가? 원시유교의 정신을 현재에 되새기기 위해서 우리는 시간을 새로운 방식으로 이해할 필요가 있다. 시간을 과거, 현재, 미래로 나누는 것이 아니라 아우구스티누스Augustinus가 말한 것처럼 '지나간 것들의 현재, 지금 있는 것들의 현재, 앞으로 올 것들의 현재'로 나누고 유교를 살아 숨 쉬는[生生不息] 활동체로 바라볼 때 유교 속으로 떠나는 여행은 다시 시작될 것이다.

1) "物類相動, 本標相應. 故陽燧見日, 則燃而爲火. 方諸見月, 則津而爲水. 虎嘯而谷風至, 龍擧而景雲屬."

2) "子曰, '質勝文則野, 文勝質則史. 文質彬彬, 然後君子'"(『論語』「雍也」).

3) "子不語怪力亂神"(『論語』「述而」).

4) "季路問事鬼神. 子曰, '未能事人, 焉能事鬼?' '敢問死.' 曰, '未知生, 焉知 死?'"(『論語』「先進」).

5) "……喪德, 亦罔非酒惟行, 越小大邦用喪, 亦罔非酒惟辜."

6) "文王誥敎…… 無彝酒. 越庶國飮惟祀, 德將無醉."

7) "惟荒腆于酒, …… 越殷國滅無罹. …… 故天降喪于殷, …… 天非虐, 惟 民自速辜."

8) "士, 事也. 數始於一, 終於十. 从一从十. 孔子曰, 推十合一爲士."

9) "有文事者必有武備, 有武事者必有文備"(『史記』「孔子世家」).

10) "子曰, '士志於道, 而恥惡衣惡食者, 未足與議也'"(『論語』「里仁」); "子曰,

'志於道, 據於德, 依於仁, 游於藝.'"(『論語』「述而」).

11) "夫儒者以六藝爲法. 六藝經傳以千萬數, 累世不能通其學, 當年不能究其

禮, 故曰, 博而寡要, 勞而少功. 若夫列君臣父子之禮, 序夫婦長幼之別, 雖

百家弗能易也"(『史記』「太史公自序」).

12) 『論語』「爲政」.

13) 『論語』「述而」.

14) 대동소이한 이야기가 『논어』에도 나온다. "葉公問孔子於子路. 子路不

對. 子曰, '女奚不曰, 其爲人也, 發憤忘食, 樂以忘憂, 不知老之將至云爾?'"

(「述而」).

15) 『史記』「孔子世家」.

16) 『論語』「憲問」.

17) 공자의 시호諡號. 당현종唐玄宗 때 문선왕文宣王으로 추존된 이래 송나

라와 원나라를 거치며 지성至聖과 대성大成이 더해져 대성지성문선왕大

成至聖文宣王으로 불리게 되었다.

18) 『論語』「八佾」.

19) 『論語』「述而」.

20) "大道之行也, 天下爲公, 選賢與能, 講信修睦. 故人不獨親其親, 不獨子其

子, 使老有所終, 壯有所用, 幼有所長, 矜寡孤獨廢疾者皆有所養. 男有分,

女有歸. 貨惡其弃於地也不必藏於己, 力惡其不出於身也, 不必爲己. 是故

謀閉而不興, 盜竊亂賊而不作, 故外戶而不閉, 是謂大同."

21) 『論語』「學而」.

22) 『論語』「里仁」.

23) 『論語』「泰伯」.

24) 『論語』「述而」.

25) 『論語』「季氏」.

26) 『論語』「憲問」.

27) 『論語』「學而」.

28) 『論語』「子罕」.

29) 『論語』「學而」.

30) 『論語』「衛靈公」.

31) 『論語』「述而」.

32) 차례대로 『論語』「顏淵」「雍也」「子路」.

33) 『論語』「先進」.

34) 『論語』「里仁」.

35) 『論語』「雍也」.

36) 『論語』「顏淵」.

37) 『論語』「八佾」.

38) 『論語』「爲政」.

39) 『禮記』「樂記」.

40) 『論語』「述而」.

41) 『論語』「泰伯」.

42) 『論語』「雍也」.

43) 『荀子』「儒效」.

44) 『論語』「顏淵」.

45) "南宮适問於孔子曰, '羿善射, 奡盪舟, 俱不得其死然. 禹稷躬稼而
有天下.' 夫子不答. 南宮适出, 子曰, '君子哉若人! 尚德哉若人!'"(『論
語』「憲問」).

46) 『孟子』「公孫丑下」.

47) "人皆有不忍人之心. 先王有不忍人之心, 斯有不忍人之政矣, 以不忍人之
心行不忍人之政, 治天下可運於掌上."(『孟子』「公孫丑上」).

48) 『孟子』「告子下」.

49) 『孟子』「梁惠王下」.

50) 『論語』「里仁」.

51) 『論語』「子罕」.

52) "孟子見梁惠王. 王曰, '叟不遠千里而來, 亦將有以利吾國乎'孟子對曰,
'王何必曰利? 亦有仁義而已矣.'"(『孟子』「梁惠王上」).

53) 『孟子』「告子上」.

54) 『孟子』「離婁下」.

55) 『孟子』「告子上」.

56) 『孟子』「盡心上」.

57) 『明心寶鑑』「存心」.

58) 『孟子』「梁惠王上」.

59) 『論語』「雍也」.

60) 『論語』「述而」.

61) 『論語』「顏淵」.

62) 『禮記』「曲禮」.

63) 『詩經』「小雅」'伐木'序.

64) 『論語』「衛靈公」.

65) 『荀子』「非十二子」.

66) 『論語』「顏淵」.

67) 『荀子』「性惡」.

68) 『荀子』「天論」.

69) 『孟子』「公孫丑上」.

70) 『孟子』「告子上」.

71) "是余五十以前眞一犬也. 因前犬吠形, 亦隨而吠之, 若問以吠聲之故, 正好啞然自笑也已."(『續焚書』「聖敎小引」).

72) "子曰, '德之不修, 學之不講, 聞義不能徙, 不善不能改, 是吾憂也'"(『論語』「述而」).

참고문헌

가오훙레이, 『절반의 중국사』, 서울: 메디치미디어, 2017.

거자오광, 『중국사상사』, 서울: 일빛, 2013.

고힐강, 『고사변자서』, 서울: 소명출판, 2006.

김용옥, 『논어한글역주』, 서울: 통나무, 2008.

리링, 『노자: 실증적 〈노자〉 읽기』, 파주: 글항아리, 2019.

레비-스트로스, 『신화학』, 파주: 한길사, 2005.

리카이저우, 『공자는 가난하지 않았다』, 파주: 에쎄, 2012.

마대정, 『중국의 국경·영토 인식: 20세기 중국의 변강사 연구』, 서울: 동북아

    역사재단, 2007.

맹자, 『맹자집주』, 파주: 한국인문고전연구소, 2017.

슈워츠, 벤자민, 『중국 고대사상의 세계』, 파주: 살림, 2004.

사마천, 『사기』, 서울: 민음사, 2015.

신동준, 『공자와 천하를 논하다』, 파주: 한길사, 2007.

신정근, 『동양고전이 뭐길래』, 서울: 동아시아, 2012.

하라리, 유발, 『사피엔스』, 파주: 김영사, 2015.

유안, 『회남자』, 서울: 소명출판, 2010.

쥐르허, 에릭, 『불교의 중국 정복』, 서울: 씨아이알, 2010.

홉스봄, 에릭 외, 『만들어진 전통』, 서울: 휴머니스트, 2004.

이종오, 『후흑학』, 고양: 인간사랑, 2010.

이지, 『분서』, 파주: 한길사, 2004.

장광직, 『중국 청동기 시대』, 서울: 학고방, 2013.

장자, 『장자』, 서울: 현암사, 2010.

정약용, 『역주 논어고금주』, 서울: 사암, 2010.

조원일, 『순자의 철학사상』, 광주: 전남대학출판부, 2014.

진래, 『송명 성리학』, 서울: 예문서원, 1997.

최술, 『수사고신록』, 파주: 한길사, 2009.

프레이저, 제임스 조지, 『황금가지』, 서울: 한겨레출판, 2003.

펑유란, 『중국철학사』, 서울: 까치, 1999.

형주시박물관, 『곽점초묘죽간』, 서울: 학고방, 2016.

한국방송공사, 『유교 아시아의 힘』, 서울: 예담, 2007.

프랑스엔 〈크세주〉, 일본엔 〈이와나미 문고〉,
한국에는 〈살림지식총서〉가 있습니다.

📖 전자책 | 🔍 큰글자 | 🔊 오디오북

원시유교
동아시아 문명의 축

펴낸날	**초판 1쇄 2020년 9월 7일**

지은이	**한성구**
펴낸이	**심만수**
펴낸곳	**(주)살림출판사**
출판등록	**1989년 11월 1일 제9-210호**

주소	**경기도 파주시 광인사길 30**
전화	**031-955-1350 팩스 031-624-1356**
홈페이지	**http://www.sallimbooks.com**
이메일	**book@sallimbooks.com**

ISBN	978-89-522-4211-2 04080
	978-89-522-0096-9 04080 (세트)

※ 값은 뒤표지에 있습니다.
※ 잘못 만들어진 책은 구입하신 서점에서 바꾸어 드립니다.

이 도서의 국립중앙도서관 출판시도서목록(CIP)은 서지정보유통지원시스템 홈페이지
(http://seoji.nl.go.kr)와 국가자료공동목록시스템(http://www.nl.go.kr/kolisnet)에서
이용하실 수 있습니다.(CIP제어번호: CIP2020035019)

책임편집·교정교열 **김세중 최정원**

026 미셸 푸코　　　eBook

양운덕(고려대 철학연구소 연구교수)

더 이상 우리에게 낯설지 않지만, 그렇다고 손쉽게 다가가기엔 부담스러운 푸코라는 철학자를 '권력'이라는 열쇠를 가지고 우리에게 열어 보여 주는 책. 권력은 어떻게 작용하는가에서 논의를 시작하여 관계망 속에서의 권력과 창조적·생산적·긍정적인 힘으로서의 권력을 이야기해 준다.

027 포스트모더니즘에 대한 성찰　　　eBook

신승환(가톨릭대 철학과 교수)

포스트모더니즘의 역사와 논의를 차분히 성찰하고, 더 나아가 서구의 근대를 수용하고 변용시킨 우리의 탈근대가 어떠한 맥락에서 이해되는지를 밝힌 책. 저자는 오늘날 포스트모더니즘으로 대변되는 탈근대적 문화와 철학운동은 보편주의와 중심주의, 전체주의와 이성 중심주의에 대한 거부이며, 지금은 이 유행성의 뿌리를 성찰해 볼 때라고 주장한다.

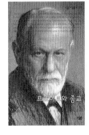

202 프로이트와 종교　　　eBook

권수영(연세대 기독상담센터 소장)

프로이트는 20세기를 대표할 만한 사상가이지만, 여전히 적지 않은 논란과 의심의 눈초리를 받고 있다. 게다가 신에 대한 믿음을 빼앗아버렸다며 종교인들은 프로이트를 용서하지 않을 기세이다. 기독교 신학자인 저자는 이 책을 통해 종교인들에게 프로이트가 여전히 유효하며, 그를 통하여 신앙이 더 건강해질 수 있다는 점을 보여 주려 한다.

427 시대의 지성 노암 촘스키　　　eBook

임기대(배재대 연구교수)

저자는 노암 촘스키를 평가함에 있어 언어학자와 진보 지식인 중어느 한 쪽의 면모만을 따로 떼어 이야기하는 것은 불합리하다고 말한다. 이 책에서는 촘스키의 가장 핵심적인 언어이론과 그의 정치비평 중 주목할 만한 대목들이 함께 논의된다. 저자는 촘스키 이론과 사상의 본질에 다가가기 위한 이러한 시도가 나아가 서구 사상을 받아들이는 우리의 자세와도 연결된다고 믿고 있다.

024 이 땅에서 우리말로 철학하기

이기상(한국외대 철학과 교수)

우리말을 가지고 우리의 사유를 펼치고 있는 이기상 교수의 새로운 사유 제안서. 일상과 학문, 실천과 이론이 분리되어 있는 '궁핍의 시대'에 사는 우리에게 생활세계를 서양학문의 식민지화로부터 해방시키고, 서양이론의 중독으로부터 벗어나야 한다고 역설한다. 저자는 인간 중심에서 생명 중심으로의 변화와 관계론적인 세계관을 담고 있는 '사이 존재'를 제안한다.

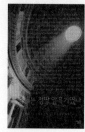

025 중세는 정말 암흑기였나 `eBook`

이경재(백석대 기독교철학과 교수)

중세에 대한 친절한 입문서. 신과 인간에 대한 중세인의 의식을 다루고 있는 이 책은 어떻게 중세가 암흑시대라는 일반적인 인식을 가지게 되었는지에 대한 물음을 추적한다. 중세는 비합리적인 세계인가, 중세인의 신앙과 이성은 어떠한 관계를 갖고 있는가 등에 대한 논의를 하고 있다.

065 중국적 사유의 원형 `eBook`

박정근(한국외대 철학과 교수)

중국 사상의 두 뿌리인 『주역』과 『중용』을 철학적 관점에서 접근한다. '산다는 것은 무엇인가?'라는 근원적 질문으로부터 자생한 큰 흐름이 유가와 도가인데, 이 두 사유의 흐름을 거슬러 올라가다 보면 그 둘이 하나로 합쳐지는 원류를 만나게 된다. 저자는 『주역』과 『중용』에 담겨 있는 지혜야말로 중국인의 사유세계를 지배하는 원류라고 말한다.

076 피에르 부르디외와 한국사회 `eBook`

홍성민(동아대 정치외교학과 교수)

부르디외의 삶과 저작들을 통해 그의 사상을 쉽게 소개해 주고 이를 통해 한국사회의 변화를 호소하는 책. 저자는 부르디외가 인간의 행동이 엄격한 합리성과 계산을 근거로 행해지기보다는 일정한 기억과 습관, 그리고 사회적 전통에 영향을 받는다는 사실로부터 시작한다는 점을 강조한다.

096 철학으로 보는 문화　　eBook

신응철(숭실대 인문과학연구소 연구교수)

문화와 문화철학 연구에 관심 있는 사람을 위한 길라잡이로 구상된 책. 비교적 최근에 분과학문으로 등장하기 시작한 문화철학의 논의에 반드시 들어가야 할 요소를 선택하여 제시하고, 그 핵심 내용을 제공한다. 칸트, 카시러, 반 퍼슨, 에드워드 홀, 에드워드 사이드, 새무얼 헌팅턴, 수전 손택 등의 철학자들의 문화론이 소개된다.

097 장 폴 사르트르　　eBook

변광배(프랑스인문학연구모임 '시지프' 대표)

'타자'는 현대 사상에 있어 가장 중요한 개념 중 하나이다. 근대가 '자아'에 주목했다면 현대, 즉 탈근대는 '자아'의 소멸 혹은 자아의 허구성을 발견함으로써 오히려 '타자'에 관심을 갖게 되었다. 그리고 타자이론의 중심에는 사르트르가 있다. 사르트르의 시선과 타자론을 중점적으로 소개한 책.

135 주역과 운명　　eBook

심의용(숭실대 강사)

주역에 대한 해설을 통해 사람들의 우환과 근심, 삶과 운명에 대한 우리의 자세를 말해 주는 책. 저자는 난해한 철학적 분석이나 독해의 문제로 우리를 데리고 가는 것이 아니라 공자, 백이, 안연, 자로, 한신 등 중국의 여러 사상가들의 사례를 통해 우리네 삶을 반추하는 방식을 취한다.

450 희망이 된 인문학　　eBook

김호연(한양대 기초·융합교육원 교수)

삶 속에서 배우는 앎이야말로 인간의 운명을 바꿀 수 있는 기회를 준다. 그래서 삶이 곧 앎이고, 앎이 곧 삶이 되는 공부를 하는 것이 무엇보다 중요하다. 저자는 인문학이야말로 앎과 삶이 결합된 공부를 도울 수 있고, 모든 이들이 이 공부를 할 수 있어야 한다고 믿는다. 특히 '관계와 소통'에 초점을 맞춘 인문학의 실용적 가치, '인문학교'를 통한 실제 실천사례가 눈길을 끈다.

eBook 표시가 되어있는 도서는 전자책으로 구매가 가능합니다.

(주)살림출판사

www.sallimbooks.com

주소 경기도 파주시 문발동 522-1 | 전화 031-955-1350 | 팩스 031-955-1355